Dieter Schulz
Frühförderung in der Heilpädagogik

Heilpädagogik
aus anthroposophischer Menschenkunde

Band 10

Schriftenreihe der Medizinischen Sektion
am Goetheanum, Dornach.
Herausgegeben von Michael Dackweiler,
Johannes Denger und Hans Müller-Wiedemann

Dieter Schulz

Frühförderung in der Heilpädagogik

Erfahrungen mit der Betreuung
seelenpflegebedürftiger Kinder

Eine Einführung für Eltern

Mit einem Vorwort
von Dr. Hans Müller-Wiedemann

Verlag Freies Geistesleben

CIP-Titelaufnahme der Deutschen Bibliothek
Schulz, Dieter:
Frühförderung in der Heilpädagogik: Erfahrungen
mit der Betreuung seelenpflegebedürftiger Kinder;
eine Einführung für Eltern / Dieter Schulz.
Mit einem Vorwort von Hans Müller-Wiedemann. –
Stuttgart: Verlag Freies Geistesleben, 1991
(Heilpädagogik aus anthroposophischer Menschenkunde; Bd. 10)
ISBN 3-7725-1113-9
NE: GT

© 1991 Verlag Freies Geistesleben GmbH, Stuttgart
Umschlag: Walter Schneider
Druck: Offizin Chr. Scheufele, Stuttgart

Inhalt

Zu diesem Buch 7
Vorwort von Dr. Hans Müller-Wiedemann 9

1 Menschenkundliche Gesichtspunkte

Einleitung 11
Die Entwicklung der Wesensglieder in den ersten drei Jahrsiebten 13
Betrachtungen zum ersten Jahrsiebt 15
*Zum Begriff des Modelleibes 15 / Das Kind als «Sinnesorgan» 16 /
Gehen – Sprechen – Denken: Reifung durch Nachahmung 17 /
Zusammenfassung 20*
Frühförderung auf der Grundlage der anthroposophischen Menschenkunde 21

2 Heilpädagogische Diagnostik und Therapie

«Mit unserem Kind stimmt etwas nicht» – Heilpädagogische Diagnose
auf geisteswissenschaftlicher Grundlage 26
Hydrozephalie und Großköpfigkeit, Mikrozephalie und Kleinköpfigkeit –
Diagnostik anhand konstitutionspathologischer Phänomene 30
Die Bedeutung der motorischen Entwicklung für die
heilpädagogische Diagnose 32
Ergänzendes zur heilpädagogischen Diagnose 34
Die unteren Sinne 35
*Der Tastsinn 37 / Der Lebenssinn 39 / Der Eigenbewegungssinn 42 /
Der Gleichgewichtssinn 45*
Der Rhythmus 47
Schlafen und Wachen – Störungen und therapeutische Gesichtspunkte 49
Eßprobleme – Die Nahrungsaufnahme und ihre Wirkung 53
*Nahrungsverweigerung 55 / Therapeutische Gesichtspunkte 56 /
Übermäßiges Nahrungsverlangen 57 / Therapeutische Gesichtspunkte 59*
Chirophonetik 60

3 Aus der Praxis – Heilpädagogische Arbeit mit kleinen Kindern

Markus 65
Die erste Stunde mit Markus 65 / Vorgeschichte 65 / Erscheinungsbild 67 / Menschenkundliche Gesichtspunkte 67 / Zur Heilpädagogik 68 / Weitere heilpädagogische Übungsstunden mit Markus 69 / Früherkennung autistischer Kinder und praktische Folgerungen 71

Stefan 75
Vorgeschichte 75 / Erscheinungsbild 75 / Menschenkundliche Gesichtspunkte 76 / Die heilpädagogische Behandlung 77 / Gesichtspunkte zur heilpädagogischen Behandlung von Kindern mit zerebralen Bewegungsstörungen 79

Sabine 82
Erscheinungsbild 82 / Vorgeschichte 82 / Menschenkundliche Gesichtspunkte 83 / Die heilpädagogische Behandlung 85 / Gesichtspunkte zur heilpädagogischen Behandlung des mongoloiden Kleinkindes 87

Kind, Eltern und Heilpädagoge 88
Anregungen zur Gestaltung der Umwelt 92
Spielzeug 96

Nachwort 103
Anmerkungen 104

Zu diesem Buch

In Gesprächen mit Eltern eines Kindes, das in seiner Entwicklung gestört ist, tritt die Frage nach dem, was das Kind schon kann oder noch nicht zu leisten vermag, oft in den Hintergrund gegenüber der Frage, wie das Wesen des Kindes, seine Individualität und seine Intentionen, erkannt und verstanden werden können. Dazu einen Beitrag auf der Grundlage der Anthroposophie zu geben ist ein Anliegen dieses Buches.

Es wendet sich vor allem an Eltern mit Kindern, deren Entwicklung schon im frühen Alter beeinträchtigt ist. Auch möchte es die Menschen erreichen, die außerhalb der Familie das Kind ein Stück seines Weges begleiten. Vieles von dem, was im folgenden gesagt wird, behält auch über die frühe Kindheit hinaus seine Gültigkeit.

Ich habe versucht, im ersten Teil dieser Schrift die Grundlagen der anthroposophischen Heilpädagogik in einer skizzenhaft gehaltenen Einführung darzustellen. Auf diese Weise werden heilpädagogische Diagnose und Therapie, die im zweiten Teil geschildert werden, aus ihrem menschenkundlichen Ansatz heraus verständlich.

Um den Rahmen dieser Einführung nicht zu überschreiten, wurde – mit Ausnahme der Chirophonetik – auf eine Darstellung der verschiedenen bewährten Therapiemöglichkeiten in der heilpädagogischen Arbeit verzichtet.

Im dritten Teil folgen Beispiele aus der heilpädagogischen Praxis. Drei Kinder werden vorgestellt.

Dieter Schulz

Vorwort

Dieses Buch von Dieter Schulz möchte ich herzlich begrüßen und ihm auf seinem Weg in die Öffentlichkeit, vor allem zu den Eltern, gute Wünsche mitgeben.

Es ist ungewöhnlich, daß sich ein in der anthroposophischen Heilpädagogik ausgebildeter Therapeut entschließt, eine Frühförderungsarbeit ohne äußere Rückhalte und auch gegen mancherlei anfängliche Widerstände zu beginnen und seine Praxis aufzubauen.

Er gehört damit zu den Pionieren eines neuen Zweiges der anthroposophischen Heilpädagogik. Inzwischen gibt es einige wenige andere spezielle Einrichtungen der heilpädagogischen Beratung und der Frühförderung, die auf anthroposophischer Grundlage arbeiten.

Daß dadurch die jahrzehntelangen Erfahrungen dieser Heilpädagogik, vor allem hinsichtlich der Diagnostik und differenzierter heilpädagogischer Übungen, auch im Bereich der Frühförderung zunehmend wirksam werden können, dürfen wir mit Dankbarkeit und Hoffnung zur Kenntnis nehmen.

Das vorliegende Buch will Eltern eine Hilfe sein, nicht nur hinsichtlich des Verständnisses ihrer Kinder, sondern auch bezüglich der Grundlagen, aus denen heraus der Autor arbeitet. Überblickt man die recht stürmisch verlaufene Entwicklung der Frühförderung in Westdeutschland in den letzten Jahren, so stellt sich übereinstimmend heraus: Alle Maßnahmen der Hilfe und der Förderung behinderter oder von Behinderung bedrohter seelenpflegebedürftiger Kleinkinder haben eine intensive und liebevolle Beratungsarbeit, das heißt, das Sichbegegnen von Mensch zu Mensch zur Voraussetzung, also die Bildung von Vertrauen zwischen Eltern und Heilpädagoge oder Therapeut. Erst in diesem Vertrauensrahmen wird das Kind fähig, in einem erweiterten Sinne von Therapie neue Schicksalswege mit seiner Behinderung zu suchen und zu finden.

Die immer an der Praxis orientierten, unprätentiösen und auch selbstkritischen Beiträge des Autors, vor allem auch die Art, wie er hier einzelne Kinder vorstellt, werden dazu beitragen, die Grundlagen dieses Vertrauens zu bilden.

Hans Müller-Wiedemann

Menschenkundliche Gesichtspunkte

Einleitung

1924 wurde Rudolf Steiner, der Begründer der Anthroposophie,[1] von einer Gruppe junger Menschen in bezug auf ihre heilpädagogische Arbeit um Rat gebeten. Daraufhin hielt er vor Ärzten und Heilpädagogen den *Heilpädagogischen Kurs*[2] mit zwölf Vorträgen. Er entwickelte darin die geisteswissenschaftlich begründete Menschenkunde und ergänzte die Ausführungen mit Kindervorstellungen und Hinweisen für die Therapie verschiedener Krankheits- und Erscheinungsbilder seelenpflegebedürftiger Menschen.

Zentral für die anthroposophische Heilpädagogik ist die Erkenntnis, daß die Individualität als Geistwesen des Menschen niemals erkranken kann, sondern nur der Leib als Träger und Instrument der Seele. Oder um einen von Thomas Weihs in seinem Buch *Das entwicklungsgestörte Kind* angeführten Vergleich aufzugreifen: So wie ein brillanter Konzertpianist auf einem verstimmten Flügel nur Mißtöne hervorbringen kann, so wird das Seelische des Menschen in seiner Darstellung und Entfaltungsmöglichkeit durch einen kranken Leib beeinträchtigt oder behindert, genauer: verhindert.

Der Begriff «geistige Behinderung» hat unter diesem Gesichtspunkt für die anthroposophische Heilpädagogik keine Gültigkeit. Vielmehr geht es darum, durch medizinisch-physiotherapeutische Maßnahmen einerseits und heilpädagogische Bemühungen andererseits das geistig-seelische Wesen des Menschen in bestmöglicher Weise mit dem Leib zu verbinden, der, aus welchem Grund auch immer, diese Verbindung oder Inkarnation erschwert.

«Inkarnation bedeutet die schrittweise Inbesitznahme der Leibesorganisation durch die sich entwickelnde und entfaltende Individualität» (Karl König).[3] Die Individualität soll durch die verschiedenen therapeutischen Maßnahmen dazu ermutigt werden, die Widerstände, die im Leibe liegen, zu überwinden, um als möglichst freie Persönlichkeit an der Gestaltung der eigenen Biographie mitwirken zu können.

Von Rudolf Steiner wurde für die in ihrer Entwicklung verzögerten oder behinderten Kinder der Begriff «Seelenpflege-bedürftig» geprägt. Das Geistige wird somit als unversehrt anerkannt, auch wenn der betroffene Mensch auf den ersten Blick ein noch so erschreckendes und erschütterndes Bild bietet.

Zu diesem Gedanken der Inkarnationsstörung gesellt sich ein weiterer, der tiefere Einsichten im Umgang mit dem seelenpflegebedürftigen Menschen ermöglicht: Ist es nicht denkbar, daß dem schweren Schicksal einer Behinderung ein Impuls zugrunde liegt, der mit dem Wesen und den Absichten des Menschen in Übereinstimmung steht? Müssen wir als Menschen, die mit einem solchen Schicksal in Berührung kommen, dieses als unabänderlich hinnehmen? Ruft uns der betroffene Mensch nicht auf, teilzunehmen an seinem Schicksal, Helfer zu werden, dieses Schicksal mitzutragen, mitzuverwandeln und gemeinsam den Sinn darin zu suchen?

Sieht man den Menschen nicht nur in einem einzigen Erdenleben, sondern als sich ständig weiterentwickelnde Persönlichkeit, die in einer Reihe von Leben auf der Erde erscheint und die im vorigen Leben sich die Bedingungen für das jetzige Leben geschaffen hat,[4] so kann jede Behinderung als Aufgabe für den Menschen angesehen werden, daran zu wachsen und Erfahrungen zu durchleben, die nur in dieser Art gemacht werden können. Die Taten und Erlebnisse dieses Menschen und die ihm gegebene Hilfestellung zur Bewältigung seines Schicksals wirken an der Gestaltung für die nächste Inkarnation mit.

In den Phasen rein geistiger Existenz[5] nach dem Tode bzw. vor der Geburt werden die Erlebnisse des vergangenen Lebens verarbeitet und zur weiteren Schicksalsgrundlage für die Zukunft.

Aus dieser Sicht wird verständlich, warum dem seelenpflegebedürftigen Menschen nicht nur zweckgerichtete, lebenspraktische Vorstellungen und Übungen vermittelt werden sollten, sondern auch Inhalte, die Nahrung für die Seele sind und ihre Entwicklung fördern. Dazu gehört die Pflege des religiösen Lebens, das Unterrichten von Kunst, Mythen, Märchen, Menschheitsgeschichte, selbstverständlich auch Kulturtechniken und handwerkliche Fertigkeiten.

Auch wenn von schwerer behinderten Kindern diese Inhalte rein intellektuell nicht erfaßt werden können, so machen sie doch auf die Seele des Menschen einen Eindruck, der nicht verlorengeht.

Zur Einführung in die anthroposophische Heilpädagogik möchte ich auf die Schrift von Helmut Klimm *Heilpädagogik auf anthroposophischer Grundlage*[6] und den Aufsatz von Georg von Arnim *Was bedeutet Seelenpflege?*[7] hinweisen; der 1974 herausgegebene Bildband *Heilende Erziehung aus dem Menschenbild der Anthroposophie*[8] mit Beiträgen verschiedener Autoren vermittelt ebenfalls eine lebendige Darstellung der Heilpädagogik.

Die Entwicklung der Wesensglieder in den ersten drei Jahrsiebten

Anthroposophische Medizin, Heilpädagogik und Pädagogik gewinnen fundamentale Erkenntnisse aus den Darstellungen Rudolf Steiners über die Wesensglieder des Menschen.[9] Zusammenfassend lassen sie sich etwa so beschreiben:

Der *physische Leib* als des Menschen unterstes Wesensglied steht in einem Verhältnis zur Mineralienwelt; er trägt selbst Mineralisches in sich.

Dieser physische Leib ist vom *Lebens-* oder *Ätherleib* durchzogen, den Rudolf Steiner folgendermaßen beschreibt: «Mit allen Pflanzen hat der Mensch die Ernährung, das Wachstum, die Fortpflanzung gemeinsam. Hätte er nur einen physischen Körper wie der Stein, so könnte er nicht wachsen, sich ernähren, sich fortpflanzen. Er muß also etwas haben, was ihn fähig macht, die physischen Kräfte und Stoffe so zu verwerten, daß sie ihm Mittel werden, zu wachsen und so weiter. Das ist der Ätherleib.»

Der Ätherleib steht in enger Beziehung zum wäßrigen Element. Für die Heilpädagogik auf anthroposophischer Grundlage ist er dasjenige Wesensglied, auf welches in den ersten sieben Lebensjahren besondere Rücksicht genommen wird, da er auch am Aufbau der Organe und an der Umwandlung des vererbten Leibes in einen der Individualität angemessenen Leib beteiligt ist. Den Abschluß dieser im Leib wirksamen Bildetätigkeit des Ätherleibes zeigt der Zahnwechsel an; der Ätherleib ist nun frei dafür, daß seine Kräfte für die Gedankenbildung herangezogen werden. Es hat eine Metamorphose stattgefunden – das Kind ist jetzt schulreif.

R. Steiner spricht in seiner grundlegenden Schrift *Die Erziehung des Kindes vom Gesichtspunkte der Geisteswissenschaft*[10] davon, daß die Wesensglieder in den ersten drei Jahrsiebten des Menschen «geboren» werden. Im Hinblick auf die Früherziehung hat die Kenntnis dieses Entwicklungsgesetzes zur Folge, daß dem Kind in den ersten sieben Lebensjahren keine intellektuelle Schulung zugemutet werden darf. Würde das Kind im frühen Lebensalter gedanklich gefordert werden, so hätte das zur Folge, daß dem Ätherleib von seiner plastischen Tätigkeit im Organismus Kräfte abgezogen würden, die nun nicht mehr beim Leibesaufbau und Gestaltwandel wirksam sein könnten. Nachdrücklich stellt R. Steiner diese Zusammenhänge vor Augen: «Da finden wir in den ersten Lebensjahren des Menschen von ganz besonderer

Wichtigkeit, daß wir ihm sozusagen seine Fähigkeiten erhalten, plastisch, bildsam einzugreifen in seine körperliche oder leiblich-seelische Organisation, und daß wir ihm nicht die Möglichkeit, plastisch einzugreifen, versperren. Am meisten versperren wir einem Menschen diese Möglichkeit, wenn wir ihn zu früh mit Begriffen und Ideen vollpfropfen, die sich nur auf eine äußere Sinnlichkeit beziehen und welche die strengsten Konturen haben, oder wenn wir ihn auf eine Tätigkeit festnageln, die theoretisch in ganz bestimmte Formen eingeschnürt ist. Da ist keine Variabilität, keine Modifikation, auch keine Möglichkeit, die geistig-seelischen Fähigkeiten herauszubilden, wie sich die Seele von Tag zu Tag, von Stunde zu Stunde betätigt.»[11]

Es sei noch erwähnt, daß R. Steiner im Heilpädagogischen Kurs darauf hinweist, daß vielen Entwicklungsstörungen eine Schwäche des Ätherleibes zugrunde liegt.

Als drittes Wesensglied hat der Mensch den *Empfindungs-* oder *Astralleib*, der etwa zu Beginn des dritten Jahrsiebtes «geboren» wird und mit dem Luftelement verbunden ist. Den Astralleib als Träger von Trieben, Begierden, Leidenschaften, Schmerz, Freude, Lust oder Leid hat der Mensch mit der Tierwelt gemeinsam.

Schließlich kommt ein viertes Wesensglied hinzu, das den Menschen erst zum Menschen werden läßt und ihn zur «Krone der Erdenschöpfung»[12] macht: sein *Ich*. Das Ich bringt sich im feurigen Element, in der Wärme, zum Ausdruck.

Neben den Faktoren Umwelt und Vererbung, die die Entwicklung des Menschen beeinflussen, bezieht die geisteswissenschaftlich orientierte Heilpädagogik die geistige Ich-Wesenheit des Kindes als den zwei genannten Einflüssen übergeordnete Instanz in den Entwicklungs- und Therapieprozeß mit ein. Damit ist nach B. C. J. Lievegoed die Anthroposophie «der umfassendste Personalismus des zwanzigsten Jahrhunderts».[8] Das Ich faßt die unzähligen Einzelfunktionen der motorischen, seelischen und geistigen Fähigkeiten des Menschen zu einem harmonischen Ganzen zusammen, je nachdem, wie der Leib als Träger des Ich dessen Präsenz zuläßt.

Bei Entwicklungsstörungen sind Eltern, Ärzte, Fachtherapeuten und Heilpädagogen dazu aufgerufen, von ihren verschiedenen Möglichkeiten her bei der Verwirklichung der Ich-Entfaltung behilflich zu sein.

Betrachtungen zum ersten Jahrsiebt

Die Kenntnis der gesunden kindlichen Entwicklung bildet die Voraussetzung dafür, auf Entwicklungsstörungen aufmerksam zu werden und Behinderungen als Phänomene zu erkennen, die, abgeschwächt und nur andeutungsweise, auch in uns selbst liegen. «Man möchte sagen, irgendwo in einer Ecke sitzt bei jedem Menschen im Seelenleben zunächst eine sogenannte Unnormalität.»[2] Als Beispiele für solche «Unnormalitäten» führt R. Steiner Gedankenflucht, zu schnelles oder zu langsames Sprechen an sowie Disharmonien im Bereich des Willens- und Gefühlslebens.

Zum Begriff des Modelleibes

Das Hineingeborenwerden eines Kindes in eine Familie ist kein zufälliges Ereignis. Schon lange vor der Konzeption richtet sich die geistige Ich-Wesenheit des Kindes nach einem bestimmten Elternpaar aus, das geeignet ist, einen Vererbungsleib zu bilden, der den karmischen Intentionen der sich zur Verkörperung anschickenden Individualität, zumindest annähernd, angemessen ist.[13]

Aus den Vererbungskräften heraus erklärt sich die oft erstaunliche Ähnlichkeit des Kindes mit Vater und Mutter. Dieser von den Eltern vererbte Leib wird von R. Steiner auch als Modell bezeichnet. Er sagt darüber: «Es ist ein Modell. Man ist mit seiner Seele gegenüber diesem Körper wie der Künstler gegenüber einem Modell, das er nachahmen soll. Der zweite Körper, den man mit dem Zahnwechsel herauszieht aus dem ersten – nach und nach natürlich, es geht durch alle sieben Jahre hindurch –, den hat man sich erst selber gemacht nach dem Modell, das einem von den Eltern gegeben worden ist.»[14] An anderer Stelle sagt er: «Der ganze Mensch ist nämlich von der Geburt bis zum Zahnwechsel, indem in seinem Physischen die Vererbungskräfte walten, wie eine Art Modell, an dem das Geistig-Seelische arbeitet nach den Eindrücken der Umgebung als rein nachahmendes Wesen.»[15]

Die Auseinandersetzung des Ich mit den in diesem Modelleib vererbten Anlagen findet seinen sichtbaren Ausdruck in den Veränderungen, die man nach einer überstandenen Kinderkrankheit bei Kindern beobachten kann. Häufig sind dann reifere, individuell werdende Gesichtszüge festzustellen, oder die Eltern berichten von einer Kräftigung und Stabilisierung der körperlichen und seelischen Verfassung ihres Kindes.[16] Aus diesem Grund gehen anthroposophische Ärzte sehr behutsam mit Impfempfehlungen um – von pauschalen Impfserien, die alle Kinderkrankheiten verhindern sollen, wird in der Regel abgeraten.[17] Ausschlaggebend ist letztendlich die individuelle Situation des Kindes. Für das Ich spielt zur Durchdringung des Leibes die gesteigerte Wärme, das heißt Fieber, während der Krankheit eine besondere Rolle.

Die Willenshaftigkeit des Ich wird mit dem Feuer in Verbindung gebracht; die Wärmeorganisation des Menschen ist der eigentliche Träger des Ich im Leibe. Tritt Fieber auf, so ist vorübergehend ein verstärktes Eingreifen des Ich in den Organismus möglich, um den vererbten Leib von innen heraus so zu gestalten, daß er zunehmend Ausdruck der Persönlichkeit werden kann.[16]

Das Kind als «Sinnesorgan»

Für die ersten Lebensjahre des Kindes ist es entscheidend, in welcher geistig-seelischen Umgebung es aufwächst und wie die Sinneseindrücke beschaffen sind, die an das Kind herankommen. Der kleinkindliche Organismus ist durch Umwelteindrücke beeinflußbar, wobei der Begriff «Eindruck» wörtlich zu nehmen ist. R. Steiner spricht davon, daß das kleine Kind «ganz Sinnesorgan» ist:

«Es bildet innerlich dasjenige nach, was es namentlich an Menschen seiner Umgebung wahrnimmt. Aber diese innerlichen Bilder sind nicht bloße Bilder, sie sind zugleich Kräfte, die es innerlich stofflich, plastisch organisieren.»[18]

Auf die Nachahmung der Sinneseindrücke und ihre Wirkung bis in die organischen Prozesse hinein weist R. Steiner an vielen Stellen seiner Schilderungen über die frühkindliche Entwicklung hin. Danach werden vom Kind seelische Stimmungen der Erwachsenen, wie sie sich zum Beispiel im Gesichtsausdruck abzeichnen, so übernommen, daß sich der Sinneseindruck über die Atmung in den Bewegungs- und Stoffwechselorganismus fortsetzt.[19] Unbeherrschtheit des Erwachsenen, der sich im Jähzorn äußert, findet beim Kind seinen Abdruck in der Atmung und Blutzirkulation, so daß dies einen Abdruck in der Lungen- und Herzgestaltung zur Folge hat. Ein eindrucksvolles Beispiel ist die Schilderung R. Steiners, wie das Kind nicht nach einer fertigen, durch und durch ausgestalteten Puppe verlangt, womöglich noch mit mechanischen Funktionen ausgestattet, sondern vielmehr eine Beziehung zu einer ganz primitiven Menschenfigur entwickelt, die zum Beispiel aus einem Taschentuch durch Abschnürungen hergestellt werden kann, so daß Kopf und Gliedmaßen sichtbar werden. Diese Puppe läßt Spielraum für Phantasietätigkeit und kreatives Vorstellen, das seine Fortsetzung bis in die Ausgestaltung des Gehirns findet.[20]

An anderer Stelle äußert sich R. Steiner über die Auswirkungen der Nachahmung in bezug auf die Gehirnbildung so: «Gerade so wie Fußspuren von außen eingedrückt sind, so sind in den Körper, besonders in das Gehirn und in die Nervenorganisation eingedrückt diejenigen Dinge, die aus der Umgebung herein im nachahmenden Leben erlebt werden im Gehenlernen, Sprechenlernen, Denkenlernen. Es ist ja alles richtig, was die äußere, physische Psychologie sagt: das Gehirn ist ein deutlicher Abdruck dessen, was der Mensch seelisch ist; aber man muß eben wissen, daß es nicht der Erzeuger des Seelischen ist, sondern der Boden, auf dem sich das Seelische entwickelt.»[21] In den späteren Kapiteln über «Anregungen zur Gestaltung der Umwelt» und «Spielzeug» werden weitere Beziehungen zu diesem Thema hergestellt.

Gehen – Sprechen – Denken: Reifung durch Nachahmung

Die Nachahmung des Kindes bewirkt die wesentlichen Entwicklungsepochen Gehen, Sprechen und Denken, wobei in der Regel in dieser Reihenfolge die eine Fähigkeit auf die andere aufbaut und sie alle schließlich dem Menschen dazu verhelfen, sich als Wesen, das aus Leib, Seele und Geist besteht, im Wollen, Fühlen und Denken zum Ausdruck zu bringen. Das Gehen als erstes Glied in dieser Entwicklungsreihe bildet die Basis für die vom Ich des Kindes zu entwickelnden Seelenqualitäten.

Aus den unkontrollierten Bewegungen des Neugeborenen entwickelt sich vom Kopf abwärts ein zunehmendes Körperbewußtsein und Ergreifen des Bewegungsorganismus. Diese Entwicklung hat Karl König in übersichtlicher Form in einem «Jahreskalender» zur Darstellung gebracht, in dem «sich die einzelnen erworbenen Fertigkeiten wie Festeszeiten herausheben».[22]

Wird vom Kind zum Ende des ersten Lebensjahres die Aufrichte erreicht, tritt ein ganz neues Selbstgefühl auf. Damit verbunden beginnt die Unterscheidung zwischen Ich und Welt. War die Wahrnehmung beim Säugling noch undifferenziert, so beginnt das Kind mit dem Erreichen der Vertikalen, der Raumesrichtung, die den Menschen als Ich-Wesen über die Horizontale der Tierwelt hinaushebt, die Dinge in ihrer Abgegrenztheit zu erleben und sie beim Namen zu nennen. Diese sogenannte Diskriminationsentwicklung baut auf dem Inkarnationsprozeß des Kindes auf.

Zu der neu errungenen Fähigkeit des Gehens gesellt sich eine weitere: Das Kind wächst in die Sprache hinein.

In verwandelter Form erscheint die Bewegungsentwicklung in der Sprachentwicklung wieder. Auch in der Sprache hebt sich als erstes aus dem undifferenzierten Lallen das Kopf-Wort, das Substantiv, heraus. Das Kind kann die einzelnen Laute, geprägt ins Wort, in Zusammenhang mit der dazugehörigen Erscheinung bringen. Aber ein Wort, zum Beispiel «Ball», ist noch nicht in seiner Bedeutung abgegrenzt, sondern wird auch mit anderen Dingen und Erlebnissen in Beziehung gebracht. Ob es nun die Sonne oder der Mond, eine Blüte oder ein Rad ist, alles kann noch mit dem Wort «Ball» bezeichnet werden. Das Denken erwacht. Dieser Prozeß des Erkennens ist eine Leistung, die auf der Ich-Aktivität des Kindes beruht.

Allmählich kommen zu den Substantiven Adjektive hinzu, so wie in der Bewegungsentwicklung der mittlere Bereich des Menschen mit Armen und Händen ergriffen werden konnte. Das Gefühlsleben kann sprachlich so zum Ausdruck gebracht werden. Das Verb, das dem Grundschüler als Tun-Wort erklärt wird, wird gegen Ende des zweiten Lebensjahres hinzugewonnen und ist Ausdruck dafür, daß nun auch der Willensbereich sprachlich mit einbezogen wird. Somit ist die Grundlage für die Grammatik herausgebildet.

Wie schon angedeutet wurde, entwickelt sich als dritter großer Schritt aus dem Sprechen das Denken. R. Steiner: «Zunächst verbindet das Kind mit den Lauten nur Gefühle; das Denken, das dann auftritt, muß sich erst aus der Sprache heraus entwickeln. Die richtige Folge, auf die wir also sehen müssen bei dem heranwachsenden Kinde, ist: Gehenlernen, Sprechenlernen, Denkenlernen.»[21] Das Denkenlernen ist ein Schritt zur Befreiung aus der Nachahmung, wenn auch auf ihr fußend.

Nachdem das Kind diese Entwicklungsphase erreicht hat, tritt im dritten Lebensjahr ein einschneidendes Erlebnis auf: Das Kind beginnt «Ich» zu sich zu sagen. Ein knapp dreijähriges Mädchen sagte abends zur Mutter: «Mama, ich bin auf die Welt gekommen.» Man hatte den Eindruck, daß in diesem Moment das Kind zum ersten Mal ein Ich-Erlebnis hatte.

Dieser große Schritt auf dem Weg zur Individualisierung bringt eine Zeit der Krise mit sich. Was in der Psychologie als Trotzalter bezeichnet wird, ist Ausdruck der sich selbst erlebenden Individualität in der Auseinandersetzung mit der Welt. Jetzt wird nicht mehr geduldet, daß der Erwachsene überall hilft. Das Kind will es selber tun, will sich bewähren. Ein Unabhängigkeitsbedürfnis wird entwickelt, das Kind geht durch die Nein-Phase hindurch. In der Regel reicht die Erinnerung des Menschen bis zu dem beginnenden Ich-Erleben zurück, die Zeit davor ist dem Wachbewußtsein nicht mehr zugänglich. Die Erinnerung ordnet die Erlebnisse der Vergangenheit. Sie ist es, die, nun bewußt ergriffen, auch eine aktive Mitgestaltung der eigenen Biographie ermöglicht.

Das Erleben der Welt wird nach dem dritten Lebensjahr immer klarer und deutlicher. Durch die Nachahmung lernt das Kind mehr und mehr dazu. Man kann beobachten, daß Kinder Erlebnisse bis ins Detail nachahmen.

Bruder und Schwester im Alter von vier und drei Jahren haben in der Stadt beobachtet, wie ein Bettler mit seinem Hut am Straßenrand saß und von einer Frau Geld in den Hut gelegt bekam. Der Bettler hob etwas den Kopf und bedankte sich, die Frau, wie wenn ihr die Situation unangenehm gewesen wäre, war schnell weitergegangen. Diese Szene wurde von den Geschwistern nachgespielt. Ein Blumentopf war der Hut, Kieselsteine das Geld. Und statt eines Steines diente ein Ball als Sitzgelegenheit des «Bettlers». Die Gesten und Körperhaltungen des Bettlers und der vorübergehenden Frau wurden von den beiden bis in die Mimik hinein verblüffend genau dargestellt, obwohl sie sie nur kurze Zeit hatten beobachten können.

Das Aufnehmen der Sinneseindrücke geschieht in diesem Alter noch immer in größter Offenheit, was besondere Berücksichtigung in der Wahl der Eindrücke durch Eltern und Erzieher verlangt.

Um das vierte, fünfte Lebensjahr ist ein zunehmendes Verlangen des Kindes nach Bildhaftigkeit zu erleben. Urbilder in Form von Volksmärchen vermitteln dem Kind eine Bestätigung seiner tief verwurzelten, seelischen Grundhaltung: Die Welt ist gut. In diesem Zusammenhang sagt R. Steiner: «Wenn der Mensch aus der geistig-seelischen Welt heraustritt, sich mit einem Leibe umkleidet, was will er da eigentlich? Er will das Vergangene, das er im Geistigen durchlebt hat, in der physischen Welt verwirklichen. Der Mensch ist gewissermaßen vor dem Zahnwechsel ganz auf das Vergangene noch eingestellt. Von jener Hingabe, die man in der geistigen Welt entwickelt, ist der Mensch noch erfüllt. Daher gibt er sich auch an seine Umgebung hin, indem er die Menschen nachahmt. Was ist denn nun der Grundimpuls, die noch ganz unbewußte Grundstimmung des Kindes bis zum Zahnwechsel? Diese Grundstimmung ist eigentlich eine sehr schöne, die auch gepflegt werden muß. Es ist die, welche von der Annahme, von der unbewußten Annahme ausgeht: Die ganze Welt ist moralisch.» [23] Die vertrauensvolle Hingabe an die Umwelt schafft die Voraussetzung dafür, daß das Kind in dieser Lebensphase eine Veranlagung für Religiosität ausbildet, wenn ihm entsprechende Möglichkeiten geboten werden.

Die feierliche Stimmung eines Sonntagmorgens, die bewußte Gestaltung der Jahresfeste, Andacht und Dankbarkeit erleben zu können: Das sind Inhalte, die dem Menschen, gleich ob gesund oder behindert, für das ganze Leben Richtung und inneren Halt geben können.[24]

Mit dem Zahnwechsel tritt das Kind in eine neue Entwicklungsphase ein. Die Bildetätigkeit des Ätherleibes und die damit verbundene Nachahmung ist abgeschlossen; metamorphosiert können diese Gestaltungskräfte für das Denken herangezogen werden – das Kind ist schulreif geworden. Nicht alle Kinder schließen den Leibesaufbau und Bildeprozeß um das siebte Lebensjahr herum ab, sondern brauchen noch eine Zeit der Nachreifung. Im Umgang mit seelenpflegebedürftigen Kindern verlangt diese Tatsache eine besondere Gestaltung des Unterrichts und eine erst allmählich einsetzende Beanspruchung der intellektuellen Kräfte.

Zusammenfassung

– Der Inkarnationsprozeß des Kindes findet seinen Ausdruck in der von oben nach unten sich vollziehenden Bewegungsentwicklung und «Inbesitznahme» des Leibes, ebenso in der Sprach- und Denkentwicklung. Die ersten drei Lebensjahre des Kindes beinhalten diese Entwicklung von Gehen, Sprechen und Denken.

– Bildekräfte organisieren den Leib und wirken, durch das Ich veranlaßt, so, daß der von den Eltern vererbte Leib, der vom Kind als Modelleib angenommen wurde, individuell durchgestaltet wird und bis in die Physiognomie hinein die persönlichen Merkmale zeigt. Diese Bildekräfte dürfen nicht vorzeitig durch eine intellektuelle Früherziehung herausgezogen werden.

– Die Kenntnis der Wesensglieder ermöglicht, dem Entwicklungsalter entsprechende pädagogische Maßnahmen zu ergreifen.
– Wesentlich für den Umgang mit dem Kind im ersten Jahrsiebt ist die Berücksichtigung der Tatsache, daß das Kind in diesem Alter «ganz Sinnesorgan» ist und die Umwelteindrücke bis in die Organbildungsprozesse aufnimmt. Das Kind nimmt sich den Erwachsenen zum Vorbild und ahmt ihn nach.

– Um das dritte Lebensjahr tritt für das Kind ein Ich-Erlebnis auf, das auch eine Zeit der Krise mit sich bringen kann.

– Märchenbilder befriedigen die Sehnsucht des Kindes nach Bildhaftigkeit im vierten, fünften Lebensjahr. Das Grunderleben – «die Welt ist moralisch» – möchte seine Bestätigung finden.

– Mit dem Zahnwechsel wird das Kind schulreif. Er ist äußeres Zeichen dafür, daß die gestaltbildende Tätigkeit des Ätherleibes zu einem gewissen Abschluß gekommen ist und die bisher im Leib wirkenden Kräfte nun für das Gedankliche in Anspruch genommen werden können.

Frühförderung auf der Grundlage der anthroposophischen Menschenkunde

Wird beim kleinen Kind eine angeborene oder erworbene Behinderung oder Fehlentwicklung festgestellt, schlägt der Arzt den Eltern in den meisten Fällen vor, sich an einen Fachtherapeuten zu wenden.

Liegt eine Störung im Bewegungsorganismus vor, wird eine krankengymnastische Behandlung empfohlen. Kommt zu der gestörten Bewegungsentwicklung eine Auffälligkeit in der geistigen Entwicklung hinzu, werden die Eltern in der Regel an eine Stelle verwiesen, die therapeutische Maßnahmen für entwicklungsgestörte Kinder anbietet. Diese therapeutischen Bemühungen werden unter dem Sammelbegriff der Frühförderung zusammengefaßt. Um eine bestmögliche Voraussetzung zur Förderung des Kindes zu erreichen, ist das Zusammenwirken der verschiedenen Behandlungsweisen anzustreben.

Die verschiedenen therapeutischen Maßnahmen sollten immer so ausgerichtet sein, daß das Kind auf keinen Fall überfordert und in seiner Entwicklung «gepreßt» wird. Frühförderung auf anthroposophischer Grundlage versteht sich als Inkarnationshilfe, die die Entwicklungsrhythmen des Kindes berücksichtigt. Je nach Krankheitsbild wird ein gesondertes Therapiekonzept erarbeitet, jedoch so, daß Therapeut und Eltern mit der inneren Haltung des Wartenkönnens sich um das Kind bemühen, ohne sich unter Entwicklungszeitdruck zu stellen. Dabei spielen die sich rhythmisch wiederholenden, alltäglichen pflegerischen Maßnahmen, bei denen der Erwachsene sehr bewußt vorbildhaft dabei sein sollte, eine große Rolle. Vom Kind werden diese Tätigkeiten allmählich verinnerlicht; auf diese Weise findet ein ganz natürlicher Lernprozeß statt.

Die gesunde kindliche Entwicklung vollzieht sich in den ersten Lebensjahren ganz in der Nachahmung, so daß es in einer gesunden und kindgemäß gestalteten Umwelt nicht erforderlich ist, bestimmte motorische oder kognitive Fähigkeiten zu üben. Viel eher würden sich solche bewußten Übungen störend auf die Entwicklung auswirken.

Bei einem kleinen, in seiner Entwicklung gestörten Kind gilt es, die Plastizität des Leibes aufzugreifen. Durch bestimmte, später beschriebene Förderungen soll so auf das Kind eingewirkt werden, daß sich der Inkarnationsprozeß bestmöglich vollziehen kann. Wichtig ist dabei der Gedanke, daß es sich nicht um ein rein systematisch ausgerichtetes Funktionstraining handelt, sondern um eine Schulung der Leibessinne. Deren Entwicklung ermöglicht erst die Ich-Aufnahme in den Leib und somit die Ansprache und Motivation der Persönlichkeit selbst, durch die letztendlich ein sinnvolles Ineinandergreifen der unzähligen Fertigkeiten im motorischen und sensorischen Bereich zustande kommt.

In der Literatur über die Frühförderung findet man eine Fülle von Schemata und Tests, die den jeweiligen Entwicklungsstand des Kindes beurteilbar machen sollen. Sicherlich können solche Überblicke wertvolle Anhaltspunkte geben. Letztlich aber verlangt jedes Kind nach einer eigenen Beurteilung. Die menschliche Entwicklung verläuft in lebendigen Rhythmen, die nicht für alle Menschen gleich sind. Es gilt, die verschiedenen Lebenssituationen zu berücksichtigen, die Verfassung des Kindes während der diagnostischen Arbeit, die Konstitution des Kindes, sein Temperament, von ihm schon durchgemachte Krankheiten, seine individuelle Problematik und vieles mehr. So hat zum Beispiel das Kind, das zur Kleinköpfigkeit neigt, einen ganz anderen Entwicklungsrhythmus als das Kind, das zur Großköpfigkeit tendiert.

Die Zeitspanne, wann welche Fähigkeit entwickelt sein muß, kann großzügig bemessen werden, womit nicht gesagt sein soll, daß von der Norm abweichende Entwicklungen außer acht gelassen werden dürfen.

Allerdings tragen die in den Schemata angegebenen Normzeiten die Gefahr in sich, daß in den getesteten Teilbereichen wie Grobmotorik, Sprache, soziales Verhalten usw. manche Kinder nicht diesen Angaben entsprechen, ohne deswegen «abnormal» zu sein. Es entsteht ein ungesunder seelischer Druck, um den Anschluß an die Norm wieder herzustellen. Unter Umständen wird dadurch die Entwicklungsgeschwindigkeit beschleunigt; aber sekundäre Störungen im Verhalten, zum Beispiel Therapieverweigerung des Kindes, können die Folge sein.

Selbstverständlich sollte man möglichst früh mit einer Therapie beginnen, aber nicht unter Zeitdruck und vor allem nicht rein symptomatisch ausgerichtet.

Kein Test kann die eigene anschauende Urteilstätigkeit des Therapeuten oder auch der Eltern ersetzen, sondern nur Richtlinien aufzeigen, die, eingebunden in die Gesamtwahrnehmung des Kindes, durch eine individuelle Auslegung der wahrnehmbaren Phänomene ihre Berechtigung haben.

Schließlich sei an dieser Stelle auf ein Referat von Dr. I. aus der Schmitten hingewiesen, das er anläßlich eines Frühförderungskongresses im April 1987 in München hielt.[25] Er stellt darin die Fragwürdigkeit von Testverfahren dar. Da diese Gedanken einen zukunftsweisenden Impuls zur Verwandlung und Verlebendigung von Test- und Diagnoseverfahren in sich tragen, seien die vier wesentlichsten Aussagen zitiert:

1. «Die Normalverteilung der Testwerte (d. h. die Verteilungsform einzelner Meßwerte, zum Beispiel die Häufigkeit biologischer Merkmale in einer großen Gruppe. *D. S.*) ist nicht eine Folge ‹in natura› normalverteilter menschlicher Fähigkeiten, Kenntnisse und Fertigkeiten, die durch die Testanwendung herausgefunden wird, sondern sie ist die Voraussetzung, ohne die bestimmte Teststatistiken in der klassischen Testkonstruktion gar nicht möglich wären.»

2. «Strenggenommen – und Tests sind, wenn überhaupt, nur streng zu nehmen – dürfen psychometrische Tests nicht für den Einzelfall herangezogen werden. Sie lassen bestenfalls gruppenbezogene Aussagen zu.»

3. «Eine wesentliche Triebfeder für ihre häufige Anwendung liegt in der mangelnden Erfahrung der Anwender sowie im Legitimierungsdruck, unter dem diese gegenüber Dienstgebern bzw. Auftraggebern stehen.»

4. «Bleibt mir der Wunsch an die Kollegen, aus dieser Not keine Tugend zu machen und sich den quantifizierenden Methoden nicht gänzlich auszuliefern. Es spricht aber mit Einschränkungen nichts dagegen, sich von Teilen der traditionellen Tests anregen zu lassen bei der Erarbeitung eigener variantenreicher Methoden beim Spiel mit den Kindern und ihrer Beobachtung. Dabei wäre es uns bestimmt eine große Hilfe, halbstandardisierte Verfahren zur Verfügung zu haben, die entsprechend den Möglichkeiten und Bedürfnissen der Kinder variiert werden könnten.

Um dem einzelnen Kind gerecht zu werden, scheint es mir auch notwendig, das Prinzip des fachübergreifenden Lernens ernst zu nehmen, so daß zum Beispiel Psychologen bei der Wahl ihrer Diagnosemethoden von den Erfahrungen der Therapeuten lernen. Die Diagnose wird dann zum längerfristigen Annäherungsprozeß an das Kind, der mit dem therapeutischen Prozeß eng verwoben ist. Falls ich damit ohnedies offene Türen einrenne, soll es mir nur recht sein!»

Aus dem bisher Gesagten ergeben sich für die Frühförderung folgende Anhaltspunkte:

– Das kleine Kind ist ganz Sinnesorgan. Die Gestaltung der Umwelt, die Handlungen und die innere Haltung der Eltern und der anderen mit dem Kind umgehenden Menschen wirken bis in die Organbildung hinein.

– Darum muß der Elternarbeit ein ebenso hoher Stellenwert eingeräumt werden wie dem direkten Umgang mit dem Kind.

– Das Kind in den ersten sieben Lebensjahren lernt durch Nachahmung. Es ist nicht dafür zugänglich, was wir von ihm verlangen, sondern es möchte das tun, was wir ihm vormachen.
Im Bereich der Frühförderung muß der Nachahmungswille oft erst angeregt werden; dies geschieht durch rhythmische Wiederholungen und durch das Tun mit dem Kind, also unter Umständen sogar durch ein anfängliches Führen der Arme oder Beine, bis das Kind es selbst tun will, es also das Vorbild annimmt.

– Die Entwicklung des Kindes in den ersten drei Lebensjahren beruht auf einer gesunden Ausbildung der *unteren Sinne*. In einem Aufsatz über «Gesichtspunkte zur Frühförderung»[26] schreibt Benita Quadflieg: «Erkenntnisleitend war für unser Vorgehen ... der Hinweis Rudolf Steiners, daß das kleine Kind ganz und gar Sinnesorgan sei. Es wurde uns klar, daß diese Kinder in ihrer Entwicklung zurückblieben, weil ihnen grundlegende Wahrnehmungen ihrer selbst oder der Welt fehlten. Um dem kleinen Wesen ein richtiges Verhältnis zu seinem Leib zu ermöglichen, wurde oberster Grundsatz, durch Empfindungen insbesondere die unteren Sinne zu aktivieren. Wir nennen das eine *basale Sinnespflege*. Dabei spielt zum Beispiel die passive Tastempfindung der Haut eine große Rolle: das Berühren, Baden, Duschen, Frottieren, Ölen, Wärmung, Kühlung. Ja, es kann sich tatsächlich unter Umständen um Kühlung handeln, zum Beispiel als Reiz im Lippenbereich, wenn nicht gesaugt oder artikuliert werden kann.»
Heilpädagogik im frühen Kindesalter bietet durch verschiedene Therapieangebote, auf die später eingegangen wird, Hilfestellungen an, diese Sinne als Grundlage für die Ausbildung der *oberen Sinne* zu entwickeln.

– Frühförderung auf anthroposophischer Grundlage verzichtet auf ein direktes Üben intellektueller Fähigkeiten und wirkt statt dessen auf diese indirekt durch die Schulung der unteren Sinne vorbereitend ein. Somit wird die Bildetätigkeit des Ätherleibes nicht gestört.

– Die Erkenntnis, daß der Mensch sich erst allmählich, rhythmischen Entwicklungsgesetzen folgend, mit seinem Leib verbindet – inkarniert –, hilft, Möglichkeiten der heilpädagogischen Hilfestellung zu entwickeln. Hierzu gehören die Berücksichtigung der Wesensgliederentwicklung, die schrittweise Entfaltung von Gehen, Sprechen und Denken und die neben den entwicklungsbestimmenden Faktoren Vererbung und Umwelt sich allmählich offenbarende Individualität.

Entwicklungsschemata bieten dabei eine Orientierungshilfe; durch die oben beschriebenen vielfältigen Einflüsse auf die Entwicklung des Kindes sollten aber Entwicklungsverzögerungen nicht zu schnell als pathologisch verstanden werden.

Es wird keine «Normalisierung» angestrebt, sondern das therapeutische Ziel ist Individualisierung, womit sich die Frühförderung auch selbst Grenzen setzt. Hierzu sei bemerkt, daß in seltenen Fällen einer zu früh einsetzenden Entwicklung, wie man sie zum Beispiel bei Menschen beobachten kann, die eine Tendenz zur Kleinköpfigkeit (siehe das Kapitel «Diagnose») oder im Extrem eine Veranlagung zur Mikrozephalie aufzeigen, ebenfalls harmonisierende heilpädagogische Maßnahmen entgegengesetzt werden müssen.

– Frühförderung setzt die enge Zusammenarbeit mit dem Arzt und den anderen Fachtherapeuten voraus, um dem Kind eine bestmögliche Ausgangsbasis für seine Entwicklung zu schaffen. Letztendlich stehen alle therapeutischen Maßnahmen in Verbindung mit dem Geistig-Seelischen des Menschen und verlangen deshalb danach, gut aufeinander abgestimmt zu sein.

«Es ist von Wichtigkeit, bei jedem Kind die Einmaligkeit des Ichs als menschliches Wesen nicht aus dem Auge zu verlieren. Dieses Ich kann nur dann zur Selbstoffenbarung kommen, kann nur dann seine Mission in der Welt erfüllen, wenn es von anderen in Liebe erkannt und anerkannt wird. Trotz aller Wissenschaft, Methodik und Systematik ist in der pädagogischen Haltung gegenüber dem Kind die Liebe die einzig wirkliche Therapie» (B. C. J. Lievegoed).[27]

Heilpädagogische Diagnostik und Therapie

«Mit unserem Kind stimmt etwas nicht» – Heilpädagogische Diagnose auf geisteswissenschaftlicher Grundlage

Das Verständnis für den therapeutischen Ansatz der anthroposophischen Heilpädagogik setzt voraus, daß die grundlegenden Elemente des diagnostischen Vorgehens bekannt sind. Von daher können die nachfolgenden Ausführungen zu den Grundlagen nur skizzenhaft bleiben.

Bestimmte Krankheitsbilder lassen sich unmittelbar nach der Geburt feststellen. Hierzu gehören zum Beispiel Down Syndrom (Mongolismus), zerebrale Mißbildungen, die teilweise auch mit sichtbaren Schädelverformungen einhergehen – im Extrem als Mikrozephalie oder Makro- bzw. Hydrozephalie bezeichnet –, Stoffwechselerkrankungen, zum Beispiel die Phenylketonurie oder Mukopolysaccharidose.

In vielen Fällen aber ist die Diagnose nicht gleich nach der Geburt zu stellen; das Kind wird nach Hause entlassen mit dem Hinweis, daß die Testergebnisse in Ordnung seien.

Für die heilpädagogische Diagnostik und die daraus sich ergebenden Therapieansätze bildet die Anthropologie des gesunden Menschen die Grundlage.

Im ersten Vortrag des *Heilpädagogischen Kurses* sagt R. Steiner: «Es ist ja natürlich, daß vorangehen soll bei jedem, der unvollständig entwickelte Kinder erziehen will, eine Erkenntnis, eine wirklich eindringliche Erkenntnis der Erziehungspraxis für gesunde Kinder. Das ist dasjenige, was sich jeder, der solche Kinder erziehen will, aneignen müßte.»[2]

Ausgangspunkt für die anthroposophisch-heilpädagogische Diagnostik ist die von R. Steiner entwickelte Menschenkunde. Danach offenbart sich die seelisch-geistige Individualität im Leibe auf eine dreifach differenzierte Weise: Im *Denken* stützt sich der Mensch auf die Nerven-Sinnes-Organisation, die ihr Zentrum im Kopf hat. Das *Fühlen* hat als leiblichen Träger das rhythmische System zur Grundlage, wie es sich im Atem und Herzschlag äußert. Das *Wollen* offenbart sich durch den handelnden Menschen. Es findet seinen Ausdruck durch die Tätigkeit der Gliedmaßen, die in einem unmittelbaren Zusammenhang mit dem Stoffwechselbereich stehen. Man darf sich diese drei Bereiche nicht unabhängig nebeneinander stehend vorstellen, sondern ineinandergreifend.

R. Steiner: «Vor allem ist scharf ins Auge zu fassen das Verhältnis von Nerventätigkeit, Atmungsrhythmus und Stoffwechseltätigkeit. Denn diese Tätigkeitsformen liegen nicht neben-, sondern ineinander, durchdringen sich, gehen ineinander über.»[28] Von großer Bedeutung für die heilpädagogische Diagnostik ist die Erkenntnis, daß der Mensch in der Polarität Nerven-Sinnes-System und Stoffwechsel-Gliedmaßen-System lebt. Diese Polarität findet ihre Verbindung und ihren harmonisierenden Ausgleich im mittleren Bereich, im rhythmischen System.

Dabei sind im Stoffwechsel-Gliedmaßen-System aufbauende, ernährende Prozesse wirksam, während für die Nerven-Sinnes-Organisation abbauende Prozesse bestimmend sind. «Einen kühlen Kopf bewahren» heißt es im Volksmund, und das bedeutet, Vitalitäts-, Wärme- und Stoffwechselprozesse vom Denken fernzuhalten, da sie einschläfern und das Bewußtsein trüben würden.

Das rhythmische System sorgt für ein Gleichgewicht dieser polaren Zustände. Dieses Gleichgewicht bildet die Grundlage für eine gesunde seelische Entwicklung. Dominiert eines der polaren Systeme, treten Störungen im Seelenleben auf, da die Mitte, also das rhythmische System, in seiner Funktion beeinträchtigt wird. Das individuelle seelische Erleben ist abhängig davon, in welchem Verhältnis die drei Bereiche zueinander stehen.

Daran wird deutlich, wie eng das seelisch-geistige Wesen in seiner Ausdrucksform mit der physischen Leiblichkeit und deren Organprozessen verbunden ist.

Beim Neugeborenen ist der Nerven-Sinnes-Pol bereits weit ausgereift. Seine Entwicklung reicht schon in das vorgeburtliche Dasein hinein. Gehirn und Nerven besitzen im Gegensatz zum Stoffwechselpol nur eine ganz geringe Vitalität, wodurch sich die geringe Regenerationsfähigkeit nach einer Schädigung erklärt. Das rhythmische System findet seine Ausreifung im zweiten Lebensjahrsiebt, einen äußeren Ausdruck dafür hat man in der um das 9. bis 10. Lebensjahr stattfindenden Harmonisierung des Verhältnisses von Atmung zu Herzschlag, das sich in dieser Zeit auf 1:4 einpendelt. H. Müller-Wiedemann schreibt dazu: «In der Mitte der Kindheit konstituiert sich das Ich als ‹Atemreife› mit den damit verbundenen seelisch-leiblichen Erscheinungen. Die rhythmische Organisation wird zum Träger eines selbständigen Gefühlslebens.»[29]

Schließlich findet das individuelle Ergreifen des Stoffwechsel-Gliedmaßen-Systems im Laufe des dritten Jahrsiebts statt, wenn das Bedürfnis erwächst, sich auf die Welt der Gegenstände einzustellen, um sie individuell durch Arbeit umzugestalten, womit das eigentliche Ergreifen des eigenen Schicksals durch bewußtes Wirken in der Welt geschieht. Physiologisch zeigt sich die Reifung des Stoffwechsel-Gliedmaßen-Systems in der Fähigkeit der Fortpflanzung.

Ohne Anlehnung an die Erkenntnis des dreigegliederten Menschen hat Ernst Kretschmer nachgewiesen, daß Zusammenhänge zwischen dem Körperbau und seelischen Erscheinungen bestehen. Kretschmer spricht von drei Habitus-Typen: den Pyknikern, Athleten und Leptosomen. Jeder Typus betont eines der oben beschriebenen Systeme schwerpunktmäßig – oder anders gesagt, jeder Mensch hat in sich die Gesamtheit der drei Systeme, wobei eines im Vordergrund steht. Der pyknische Habitus zeigt eine Vorherrschaft des Stoffwechsel-Gliedmaßen-Systems, der athletische Habitus rührt her von einem Überwiegen des rhythmischen Systems, beim leptosomen Habitus tritt das Nerven-Sinnes-System hervor. K. König spricht von «drei Durchführungen eines einheitlichen Themas»: «Richtig ist es hingegen, wenn wir die Vorstellung entwickeln, daß in jedem Menschen diese drei Typus-Tendenzen gleichzeitig vorhanden sind, nur in verschiedener Stärke wirksam.»

Von konstitutionellem Habitus läßt sich während der kindlichen Entwicklungsphase kaum sprechen, dennoch weist König darauf hin, daß «derjenige, der eine größere Anzahl von schwer erziehbaren Kindern kennengelernt hat, nicht umhin können wird, gewisse gemeinsame Merkmale zu finden, die ihn allmählich an eine Gruppierung und Ordnung denken lassen. Dabei aber wird man nur weiterkommen, wenn nicht in willkürlicher Art einzelne Typen herausgegriffen werden und mit einer Art oberflächlicher Physiognomik gespielt wird.»[30]

Bietet sich auch über die leibliche Gestalt ein wesentlicher Einblick in das Seelenleben des Kindes, so muß doch immer seine Individualität in die Betrachtungen mit einbezogen werden. Dann ist eine Schemabildung nicht mehr möglich.

B. C. J. Lievegoed hat eine für den Heilpädagogen hilfreiche Konstitutionstypologie entwickelt, die schon für das Kleinkind ihre Gültigkeit hat.[27] Dabei geht er davon aus, daß vier Organsysteme mit ihren entsprechenden vier Gestalttypen in Verbindung stehen. Lievegoed spricht vom zerebralen, muskulären, respiratorischen und digestiven Typus, wobei er von Sigauds Typenlehre ausgeht.

Beim *zerebralen* Typus stehen Gehirn und Nervensystem im Vordergrund.

Der *respiratorische* Typus hat seinen Schwerpunkt im Brustkasten und Atmungsbereich.

Als stoffwechsel-überbetont wird der *digestive* Typus geschildert.

Schließlich stehen beim *muskulären* Typus Arme und Beine in ihrer harmonischen Entwicklung im Vordergrund.

Diese vier Typen können unter den Gesichtspunkten der Retardation (Verlangsamung der Entwicklung) und Propulsion (Beschleunigung der Entwicklung) betrachtet werden, womit man das Feld der heilpädagogischen Diagnostik betritt.

Das Überwiegen eines der vier geschilderten Systeme findet seinen sichtbaren – begriffsanalogen – Ausdruck in der dominanten Entwicklung der jeweiligen Körperregion. Im Extrem führt dies in eine anschaubare Konstitutionspathologie. Deren Erkennen auf der Grundlage des harmonischen «Urbildes» trägt auch schon den therapeutischen Ansatz im Sinne eines Ausgleichens, Gegengewichtsetzens in sich, wodurch das Ich aktiviert wird.

«Das ist ja die grandiose Schule des Heilpädagogen, daß er im abwegigen Kind Form- und Bildetendenzen auffinden kann, die beim mehr oder weniger normalen Kind dadurch, daß diese Formtendenzen einander das Gleichgewicht halten, im Verborgenen bleiben. Bei den im Rahmen der Heilpädagogik auftretenden Kindern werden sogenannte Abnormitäten sichtbar, die sonst nur geahnt werden können; hier offenbart sich, was sonst Geheimnis bleibt. Und bei einer heilpädagogischen Diagnostik, die auf Realität Anspruch machen wird, muß es sich darum handeln, diesen Formtendenzen nachzugehen und sie im Einzelkind aufzufinden; denn abnorm und abwegig ist nicht etwas Neues, sonst nicht Vorhandenes, sondern abnorm ist ein ansichtig Werdendes, das sonst auch vorhanden ist, aber dadurch, daß es im Gleichgewicht gehalten wird, nicht in die unmittelbare Erscheinung tritt» (Karl König).[30]

Hydrozephalie und Großköpfigkeit, Mikrozephalie und Kleinköpfigkeit – Diagnostik anhand konstitutionspathologischer Phänomene

Im vorigen Abschnitt wurde deutlich zu machen versucht, wie in der heilpädagogischen Diagnostik ein Blick für Einseitigkeiten, Verlagerungen und zeitliche Unverhältnismäßigkeit (zurückgeblieben, beschleunigt) entwickelt werden kann, um ein Bild zu bekommen, das, nach individuellen Gesichtspunkten ausgerichtet, Anhaltspunkt für einen therapeutischen Ansatz werden kann.

Für diese Betrachtung steht die krankhafte Steigerung bzw. Verminderung der Kopfformen von der Großköpfigkeit zur Hydrozephalie und der Kleinköpfigkeit zur Mikrozephalie im Vordergrund.

Die Großköpfigkeit kann beim Kind zu einer, besonders auffallend im motorischen Bereich, verzögerten Entwicklung führen, was aber nicht, wie beim hydrozephalen Kind, pathologisch begründet ist.

W. Holtzapfel weist in einer sehr anschaulichen Studie auf verschiedene Ursachen der Hydrozephalie hin, zum Beispiel «vermehrte Produktion, verminderte Resorption, mechanische Abflußhindernisse des Gehirnwassers».[31] Großköpfigkeit und Kleinköpfigkeit können pädagogisch beeinflußt werden, um ihren Einseitigkeiten entgegenzuwirken. Bei der Hydro- und Mikrozephalie jedoch müssen heilpädagogische und medizinische Maßnahmen getroffen werden, um die ins Pathologische gesteigerten Eigenschaften des groß- und kleinköpfigen Kindes zu beeinflussen.

Während des Heilpädagogischen Kurses im Juni 1924 wurde ein Kind mit Hydrozephalus vorgestellt. R. Steiner äußerte sich folgendermaßen dazu: «Wenn Sie sich das ganze Kind anschauen und vergleichen es mit einer Embryonalbildung, dann werden Sie gar nichts anderes haben als ein Riesenembryo, so daß Sie unmittelbar daran sehen: das Kind ist im Embryonalstadium geblieben und hat die Wachstumsgesetze des Embryonalstadiums beibehalten und setzt sie im Postembryonalzustand fort.»[2] Das Beibehalten des embryonalen Zustandes erklärt die seelische Grundhaltung des hydrozephalen Kindes. Es neigt dazu, im vorgeburtlichen kosmischen Bewußtseinszustand zu verbleiben, und kann sich nur schwer mit der Erdenrealität verbinden. Es ist eine Steigerung derjenigen Eigenschaften zu beobachten, die im Seelenleben des großköpfigen Kindes als phantasiereiche bis hin zu illusionären Vorstellungen charakterisiert werden.[31]

Die pathologische Vergrößerung des Hirnschädels, das heißt die übermäßige Betonung des Kopfpoles findet ihr Gegenteil in dem eher zarten, schwach ausgebildeten Gliedmaßenbereich. Es liegt nahe, daß vor allem die motorische Entwicklung erheblich verzögert verläuft.

Kopfform und leibliche Gestalt zeigen die Tendenz «nach oben» und bedürfen eines Ausgleichs durch therapeutische Maßnahmen. Dazu gehört das betonte Arbeiten mit den Gliedmaßen, wodurch auf den übersteigert ausgebildeten Kopfpol Einfluß genommen wird. Hydrotherapie nach Anweisungen R. Steiners unterstützt die Beeinflussung des Kopfes; es handelt sich dabei um kühle Abwaschungen von Gesicht und Nacken, die, rhythmisch durchgeführt, impulsierend und aufweckend auf das Kind wirken.

Polar zum hydrozephalen Kind stellt sich das mikrozephale Kind dar. Bei ihm ist der Hirnschädel klein und unterentwickelt, während die untere Kopfpartie stark ausgeprägt ist. Die Gliedmaßen sind auffallend kräftig entwickelt. Eine leibliche wie seelische Tendenz «nach unten» ist festzustellen. Das mikrozephale Kind zeigt eine mehr analytische, auf die äußere Welt gerichtete, realistische Denkart, die sich in extreme Ablenkbarkeit, Nervosität und damit verbundene Unruhezustände steigern kann.

Bei der Behandlung des mikrozephalen Kindes steht die Entwicklung phantasiebetonter, bildhafter Vorstellungen im Vordergrund. Konzentrationsübungen sollen durch künstlerisch-musikalische Elemente zum besseren Hinhören führen und das Kind aus dem überbetonten Sehraum in den Hörraum leiten. Die Neigung zu Frühreife, zu Verhärtung und auch die zu schnelle Verbindung mit den Gliedmaßen wird durch rhythmische Übungen behandelt, sowohl auf musikalischer als auch auf heileurythmischer Ebene.

W. Holtzapfel[31] schildert, wie im Lebensrhythmus des Menschen abends die Phase des Aufbaus, des Stoffansatzes, der Resorption, der Durchblutung einsetzt. In dieser Zeit kann dem mikrozephalen Kind ein warmer Bauchumschlag angelegt werden, um durch diese einfache Maßnahme den sonst bei ihm überwiegenden Abbaukräften eine zusätzliche Unterstützung der aufbauenden Kräfte zu vermitteln. Auch hier kommt der rhythmischen Anwendung eine potenzierende Wirkung zu.

Bei beiden Typen spielen die sich stark auswirkenden, unterschiedlichen Atmungsprozesse bei der Wahl und Durchführung der Therapie eine bedeutende Rolle.

An diesen Beispielen wird ersichtlich, wie sich aus der Diagnose ein rationaler therapeutischer Ansatz ergibt.

Die Bedeutung der motorischen Entwicklung für die heilpädagogische Diagnose

Die heilpädagogische Konstitutionsdiagnostik erlaubt den Brückenschlag von der leiblichen Phänomenologie zur Interpretation von Bewegungsabläufen. Sie sind der Ausdruck dafür, inwieweit der Mensch sein Nerven-Sinnes-System, sein rhythmisches und sein Stoffwechsel-Gliedmaßen-System als Träger des Denkens, Fühlens und Wollens mit seinem Ich durchdringen kann.

Wie in den Betrachtungen zum ersten Jahrsiebt schon dargestellt wurde, geschieht die Inkarnation in den Bewegungsorganismus schrittweise von oben nach unten durch das Beherrschenlernen des gezielten Hinschauens, des weiteren durch das willkürliche Bewegungsvermögen der Arme und Hände, bis schließlich die Beine im Stehen und Gehen vom Kind in die Gesamtmotorik mit einbezogen werden. Somit wird schon im ersten Lebensjahr vom Kind ein großer Entwurf des Bewegungsorganismus geleistet; die weitere persönliche Differenzierung und Ausreifung vollzieht sich innerhalb von drei Jahrsiebten.

1. Beim kleinen Kind setzt der Muskelorganismus von außen kommende Eindrücke sofort in Nachahmung um. Eine Bewegung der Mutter wird vom Kind unmittelbar nachvollzogen. Mit großer Freude werden Reigen- und Bewegungsspiele mitgemacht. Die Bewegung im Raum kann als weich, fließend, rund, tänzerisch beschrieben werden. Das Kind erlebt sich selbst in seinen Bewegungsabläufen und entwickelt den Eigenbewegungssinn, der in einem weiteren Kapitel besprochen wird.

Die starke Bezogenheit des Muskelorganismus zur Umwelt im ersten Jahrsiebt weist auf das Überwiegen der Sinnesprozesse in den Bewegungen.

2. Diese Sinnesdominanz weicht im zweiten Jahrsiebt dem besonders im Muskelorganismus tätigen rhythmischen System, das seine besondere Ausbildung erst in diesem Lebensalter findet, wie es schon vorher in bezug auf die Harmonisierung des Atems beschrieben wurde. Das rhythmische System in der Muskelorganisation drückt sich nach H. Müller-Wiedemann durch den «dem Rhythmus eingegliederten Muskeltonus» aus; dieser «erlaubt dem Kind einen größeren Umkreis differenzierter und selbstbezogener Bewegungen mit eindeutigen Zielrichtungen».[29]

3. Schließlich richtet sich die Bewegung im dritten Jahrsiebt ganz auf die

Welt. Das Ich kann sich nun der Bewegungsfähigkeit im Wollen (Stoffwechsel-Gliedmaßen-System) ganz bedienen. Im Seelenleben geschieht eine Metamorphose der frühkindlichen Wahrnehmung der eigenen Bewegung (Eigenbewegungssinn) hin zur Reflexionsfähigkeit über das eigene Handeln und einer damit verbundenen Urteilsfähigkeit über dessen moralischen Wert und Sinn für die Welt.

Nach diesem kurzen Überblick kommen wir wieder auf das kleine Kind zurück. Für die heilpädagogische Arbeit kommt es darauf an, in den ersten Lebensjahren die Motorik vor allem im Hinblick auf die Eigenwahrnehmung anzuschauen, da davon ausgegangen werden muß, daß geordnete, vom Ich ergriffene Bewegungsabläufe ihren Einfluß auf die Hirnstrukturierung haben, das heißt, gestörte, nicht in gesunder Weise ergriffene Bewegungsabläufe wirken sich im Seh-, Hör- und Sprachbereich aus.

Die gesunde Entwicklung der Körperbewegungen bildet die Grundlage für eine Sehbewegung im Raum, die ein Wahrnehmen, Erkennen und Zuordnen von zum Beispiel geometrischen Formen wie Würfel, Bälle, Holzklötze usw. erst zuläßt. Eine Entwicklungsstörung in der Bewegung hat auch Einbußen im genauen Sehen zur Folge, die Unterscheidung der Dinge fällt schwer.

Für das Hören gilt, daß die Zurücknahme der eigenen Bewegung, das Stillhaltenkönnen, Voraussetzung dafür ist, überhaupt Sprache als Sprache wahrnehmen zu können.

Schließlich ist, was das Sprechen selbst betrifft, der Zusammenhang zwischen der Körper- und Sprachbewegung von größter Bedeutung. Es gibt wissenschaftliche Untersuchungen, zum Beispiel von Frau Prof. M. Mariela Kolzowa (Leningrad), mit dem Ergebnis, daß die Entwicklung der von einander unabhängigen Beweglichkeit der Finger Voraussetzung für die Sprachentwicklung ist.[32]

Man kann feststellen, daß die Bewegungsfähigkeit des Menschen zur Ausdrucksform seines geistig-seelischen Wesens wird. Wie tritt der Mensch mit dem Fuß auf? Rollt er mit dem ganzen Fuß von der Ferse bis zu den Zehen ab, oder trippelt er nur mit dem vorderen Fußbereich? Wie faßt er die Dinge an – mit den Fingerspitzen oder mit der ganzen Hand, zaghaft oder fest? Wie ist der Händedruck? Wie ist die Ganghaltung? Es ist das Muskelsystem, welches, schrittweise vom Ich ergriffen, ebenfalls in dreigegliederter Form, entsprechend der Dreigliederung der menschlichen Gestalt, eine individuelle, einmalige Art der Bewegung zuläßt und dadurch der heilpädagogischen Diagnostik wesentliche Erkenntnisse ermöglicht. Dazu K. König:

«Die Anthropologie der kindlichen Motorik ist ein ganz großes Gebiet. Man kann eigentlich dem angehenden Heilpädagogen nichts mehr raten, als ja nicht zu übersehen, wie ein Kind sich bewegt. Nicht nur oberflächlich das anzuschauen und dann zu sagen: Es ist halt ein bißchen ungeschickt oder es zappelt, sondern zu versuchen, ein tatsächliches Bild von dieser Motorik zu bekommen, einfach deshalb, weil die Motorik, eben die Gesamtbewegung eines Menschen, der Ausdruck seiner Persönlichkeit und Individualität ist.»[3]

Ergänzendes zur heilpädagogischen Diagnose

Nachdem sich der Heilpädagoge durch möglichst unvoreingenommene Anschauung des Kindes Anhaltspunkte für eine Diagnose verschafft hat, spielt selbstverständlich die gründliche Kenntnis der Vorgeschichte des Kindes eine wesentliche Rolle.

Außer den Fragen nach dem medizinischen Befund, nach motorischer und sprachlicher Entwicklung, auditiver und visueller Wahrnehmungsfähigkeit, Eßgewohnheiten, nach dem sozialen Verhalten usw. sind noch weitere Kenntnisse zur Beurteilung der Problematik des Kindes von Bedeutung. Hierbei entzieht man sich dem meßbaren, wägbaren, wissenschaftlichen Bereich und kommt in eine mehr subjektive Welt hinein. Sie steht aber an Bedeutung der vorher beschriebenen objektiven, meßbaren, vergleichbaren Sphäre in keiner Weise nach, sondern bringt erst Leben in das sonst eher nüchterne Gerüst der Fragen, mit deren Hilfe das Kind beurteilt werden soll. Solche Fragen an die Mütter können zum Beispiel sein:

– Hatten Sie während der Schwangerschaft eine Beziehung zu Ihrem Kind? Erlebten Sie in der Zeit vor der Geburt, daß der Kontakt plötzlich abbrach bzw. gar keine rechte Beziehung entstehen konnte?

– Gab es während der Schwangerschaft für Sie besondere seelische Erlebnisse, zum Beispiel Schock, Angst, Sorgen, psychischen Druck?

– Wie war für Sie der Geburtsverlauf? Welche äußeren Umstände herrschten dabei?
– Konnten Sie gleich nach der Geburt Ihr Kind ganz annehmen? Fühlten Sie sich auch von Ihrem Kind angenommen?

– Konnten Sie Ihr Kind stillen?

(R. Steiner spricht an mehreren Stellen über die Bedeutung der Muttermilch. Es sei hier auf den Vortrag vom 2. September 1919 hingewiesen,[23] in dem er sagt: «Die Milch entsteht ja im weiblichen Menschen zusammenhängend mit den oberen Gliedmaßen, mit den Armen. Die milcherzeugenden Organe sind gleichsam dasjenige, was sich nach innen von den Gliedmaßen aus fortsetzt. Die Milch ist im Tier- und Menschenreich die einzige Substanz, welche innere Verwandtschaft hat mit der Gliedmaßenwesenheit, welche gewissermaßen aus der Gliedmaßenwesenheit heraus geboren ist, welche daher auch die Kraft der Gliedmaßenwesenheit in sich noch enthält. Und indem wir dem Kinde die Milch geben, wirkt die Milch als die einzige Substanz, wenigstens im wesentlichen, weckend auf den schlafenden Geist. Das ist, meine lieben Freunde, der Geist, der in aller Materie ist, der sich äußert da, wo er sich äußern soll. Die Milch trägt ihren Geist in sich, und dieser Geist hat die Aufgabe, den schlafenden Kindesgeist zu wecken.»)

– Erleben Sie den Blick Ihres Kindes als durchseelt? Drückt er die Anwesenheit einer Persönlichkeit aus oder schweift er mehr in die Weite, ins Leere?

– Wie erlebt der Vater das Kind? Hat er es angenommen? Tragen Sie zusammen Ihre Sorgen?

Die unteren Sinne

In der Betrachtung über die motorische Entwicklung des Kindes wurde schon darauf hingewiesen, daß in der anthroposophischen Menschenkunde von einem Eigenbewegungssinn gesprochen wird, der ein Bewußtsein für die eigene Bewegung vermittelt. Dieser Sinn ist einer von zwölf Sinnen, über die R. Steiner in seinen Vorträgen an verschiedenen Stellen spricht. Die Kenntnis dieser Sinne erweitert den diagnostischen Blick und ermöglicht ein differenziertes heilpädagogisches Handeln unter Einbeziehung aller Gesichtspunkte, die sich in bezug auf die Dreigliederung der menschlichen Gestalt und des Bewegungsorganismus ergeben. R. Steiner beschreibt zwölf Sinne, die auf drei verschiedenen Ebenen im Menschen ineinandergreifend wirksam sind.

Die erste Ebene ist die der sogenannten unteren Sinne. Es sind dies:

Lebenssinn
Eigenbewegungssinn
Gleichgewichtssinn
Tastsinn

Diese Sinne werden als Leibessinne dargestellt, das heißt, sie vermitteln uns in ihrem Zusammenwirken die Wahrnehmungs- und Erfahrungswelt unseres eigenen Leibes mit all seinen Funktionen und Entfaltungsmöglichkeiten. Die unteren Sinne stehen in enger Verbindung mit dem Gebiet, das als Stoffwechsel-Gliedmaßen-System dargestellt wurde und seelisch dem Bereich des Willens zugehört. So wie ein Gebäude nur auf festem Grund und Fundament errichtet werden kann, beruht auf den Erfahrungen durch die vier unteren Sinne jene existentielle Sicherheit, die wir benötigen, um in der Welt bestehen zu können.

In der Frühförderung hat man es mit Kindern zu tun, die diese Sicherheit nicht oder nur ungenügend entwickeln können. Die Wahrnehmung des eigenen Leibes ist durch verschiedene Ursachen gestört. Damit ist eine Beeinträchtigung des Seelenlebens verbunden, mit der wiederum eine gestörte Erfahrung des anderen Menschen und der Umwelt zusammenhängt. Eine mangelhafte Entwicklung der geistigen Fähigkeiten ist die Folge, die oft als «geistige Behinderung» verstanden wird, wobei dem Geiste selbst eine Schädigung unterstellt wird. Es ist aber, wie unter einem anderen Gesichtspunkt weiter oben schon besprochen wurde, der Leib, der eine geistige Entfaltung und Offenbarung nicht oder nur verzerrt zuläßt; so wie ein Samenkorn, das in einem ausgedörrten Stück Land nicht zur vollen Reife kommt, nicht dafür verantwortlich gemacht werden kann, daß die Frucht nur spärlich ausfällt. Werden die Bedingungen des Bodens oder Leibes günstiger, so wird eine bessere oder gesunde Entwicklung möglich sein.

Darum gehört im Bereich der Frühförderung die Unterstützung und Ausbildung der unteren Sinne als Leibessinne zu den wichtigsten Aufgaben der Heilpädagogik.

Die unteren Sinne stehen in direkter Beziehung zu den oberen Sinnen:

Hörsinn
Wort- oder Sprachsinn
Denksinn
Ichsinn

Der Hörsinn vermittelt die Fülle der verschiedenen Klänge, Töne und Geräusche, die aber undifferenziert bleiben würden, käme nicht als weiterer Sinn der Sprachsinn in uns zur Geltung, dessen Ausbildung es ermöglicht,

Sprache als Sprache und nicht nur als unbestimmtes Geräusch wahrzunehmen.

Der sich daran anschließende Denksinn läßt zu, daß der Inhalt des zu uns Gesprochenen auch verstanden werden kann. Mit dem Verstehen eines anderen Menschen ist schließlich auch die Wahrnehmung seiner Individualität als eines eigenständigen Ich-Wesens verbunden; dieser besonderen Fähigkeit der Wahrnehmung liegt die Entwicklung des Ichsinnes zugrunde.

Im Hinblick auf die Dreigliederung besteht von diesem Sinnesfeld aus eine Beziehung zum Nerven-Sinnes-System des Menschen. Daher werden von R. Steiner diese Sinne auch als Erkenntnissinne bezeichnet.

Die zwischen oberen und unteren Sinnen stehenden mittleren Sinne sind:

    Geruchssinn
    Geschmackssinn
    Gesichtssinn
    Wärmesinn

Diese Sinne ermöglichen die Erkundung der uns umgebenden Welt. Sie stehen in unmittelbarer Beziehung zu unserem Fühlen. So kann zum Beispiel ein bestimmter Geruch die Erinnerung an ein Erlebnis aus früher Kindheit hervorrufen, womit sogleich eine Fülle von Bildern und damit zusammenhängender Gefühle aufsteigt. Antipathie und Sympathie – die Polaritäten, in denen unser Fühlen lebt – kommen auf dieser Sinnesebene zur Erscheinung. Gefühle der Unlust, des Mißbehagens entstehen, wenn das Spiel zwischen Außen- und Eigentemperatur gestört ist. Auch diese Sinnesbereiche verlangen im Umgang mit dem kleinen Kind Aufmerksamkeit und Pflege.

Der Tastsinn

Um möglichst nahe an die Empfindungswelt des kleinen Kindes heranzukommen, ist es hilfreich, sich zu fragen, welche Erlebnisse man selbst mit dem unteren Sinnesbereich in Verbindung bringt. Man denke zum Beispiel an die wohltuende Wirkung einer Massage, an die sich eine Ruhezeit anschließt, während der man – in eine warme Decke gehüllt – das intensive Körpergefühl, das durch die Massage entstanden ist, in sich nachklingen läßt.

Wie unterschiedlich dazu sind Tasterlebnisse beim Baden oder Duschen und Abfrottieren der Haut. Geht man den Tastempfindungen weiter nach, so kann man feststellen, daß in jedem Moment des wachen Lebens je nach Empfindungsqualität – mehr oder weniger bewußt – Tastwahrnehmungen gemacht werden. Dabei wird ein Gefühl der eigenen Körpergrenze vermittelt und ein Erleben der eigenen Existenz hervorgerufen – sei es beim Stehen der Druck auf die Fußsohlen, der durch unser Körpergewicht und den Gegendruck der Stehfläche entsteht, oder beim Sitzen der Druck des Sitzes auf Gesäß und Oberschenkel oder beim Liegen der Druck auf größere Körperflächen.

Man stelle sich vor, der Tastsinn würde einem genommen. Was würde geschehen? Annähernd kann man das beim Baden in körperwarmem Wasser ahnen. Der Körperdruck auf die Wannenfläche wird durch das Wasser vermindert, Arme und Beine sind ebenso nur in abgeschwächter Weise durch den verminderten Gegendruck wahrnehmbar, es tritt bald Müdigkeit auf, die nicht nur auf das warme Wasser zurückzuführen ist. Das Bewußtsein für die eigenen Körpergrenzen wird schwächer, man verbindet sich stärker mit der Umgebung, das heißt dem körperwarmen Wasser. Das Aufrechterhalten des klaren Tagesbewußtseins wird immer schwerer.

Jemand, der sich davon überzeugen will, daß das soeben Erlebte kein Traum, sondern Wirklichkeit war, kneift sich.

Das kleine Kind, das gefallen ist und nun weint, nimmt man auf den Arm und streichelt es. Das Streicheln bringt das Kind wieder *zu sich,* nachdem es durch den Sturz ganz *außer sich* geraten war. *«Ich habe in dem Moment völlig den Boden unter den Füßen verloren»*, erzählt ein Mensch, der durch irgendeine Situation in Angst geraten war. Der Sprachgeist hat den Ausdruck geprägt: *Auf dem sicheren Boden der Tatsachen stehen.* Wird der sichere Boden entzogen, entsteht Angst, verzerrte Wahrnehmung, und der Mensch zeigt ein Verhalten, das unter Umständen pathologische Ausmaße annehmen kann.

Das Kind bekommt durch die Wahrnehmung der Gestalt des anderen Menschen und durch das eigene Erleben der Körpergrenzen allmählich ein Bewußtsein seiner Leibesgestalt, die sich von der Umwelt abgrenzt. Dazu sagt K. König: «Nicht das Tast-, sondern das Ortserlebnis ist der ins Bewußtsein tretende Anteil im Reich des Tastsinns. Dadurch aber wird das allgemeine Tasterlebnis schon zu einer in sich gegliederten Erfahrung. Wir erleben dumpf die Grenzen, die uns am Umfang und im Innenraum unseres Leibes gegeben sind. Außerdem aber werden die einzelnen Stellen und Orte wahrgenommen und in das Bild, das wir uns von unserem Körper erworben haben, eingefügt.»[33]

Das seelenpflegebedürftige Kind ist in vielen Fällen mit seinem Leib nicht so fest verbunden wie das gleichaltrige gesunde Kind. Die Wahrnehmung der eigenen Leiblichkeitsgrenzen und das daraus resultierende dumpfe Selbsterleben ist abgeschwächt. Bei diesen Kindern ist häufig eine verminderte Schmerzempfindlichkeit und gestörte Kälte- bzw. Wärmeempfindung festzustellen. Das Lebensgefühl ist zutiefst verunsichert, verschiedene Ängste und Fixationen sind die Folge.

Darum versucht das Kind, die Leibessicherheit dadurch zu ersetzen, daß es sich äußere Sicherheiten schafft, die immer gleich sein müssen. Werden dem Kind die äußeren, künstlich geschaffenen Sicherheiten genommen, die sich als Zwänge äußern, entsteht als Reaktion panische Angst und Verzweiflung – das Kind erlebt seine in die Peripherie verlagerte Existenz als bedroht.

«Es ist nun verständlich», bemerkt Karl König, «warum R. Steiner als medizinische Behandlung ein Verfahren angegeben hat, durch welches die Haut als Organ gestärkt wird.»[33]

Zusätzlich kann durch die bewußte Pflege des Tastsinnes viel zu seiner Stärkung beigetragen werden. Dazu gehört zum Beispiel, das Kind nach dem Baden in einem warmen Raum einzuölen, die Arme bis zu den Fingerspitzen, die Beine bis zu den einzelnen Zehen zu streichen und zu massieren. Der ganze Körper des Kindes wird so mit ruhigen Bewegungen von der Mutter oder dem Vater im Bewußtsein obiger Gesichtspunkte behandelt.

Weiterhin ist die Auswahl der Stoffe und Materialien, mit denen das Kind in Berührung kommt, von der Kleidung bis zum Spielzeug, von großer Bedeutung. In den Kapiteln «Anregungen zur Gestaltung der Umwelt» und «Spielzeug» soll darüber noch mehr ausgeführt werden.

Der Lebenssinn

Eine Überschau folgender Zitate Rudolf Steiners ermöglicht einen Zugang zu dem Sinn, von dessen Entwicklung abhängig ist, inwieweit das Kind, das eben beginnt, von seinem Leib Besitz zu ergreifen, sich in diesem Leib auch wohlfühlen kann.

In einem seiner Vorträge aus dem Jahr 1909 stellt Steiner die Frage: «Was ist der Lebenssinn?» Und er gibt folgende Antwort: «Er ist etwas im Menschen, was er eigentlich, wenn alles in Ordnung ist, nicht fühlt, sondern nur dann fühlt, wenn etwas in ihm nicht in Ordnung ist. Der Mensch fühlt Mattigkeit, die er wahrnimmt als ein inneres Erlebnis, wie er eine Farbe wahrnimmt. Und das, was im Hunger- und Durstgefühl zum Ausdruck kommt oder was man ein besonderes Kraftgefühl nennen kann, das müssen Sie auch innerlich wahrnehmen wie eine Farbe oder einen Ton. Man nimmt dies in der Regel nur wahr, wenn irgend etwas nicht in Ordnung ist. Die erste menschliche Eigenwahrnehmung wird durch den Lebenssinn gegeben, durch den der Mensch als ein Ganzes sich seiner Körperlichkeit nach bewußt wird.»[34]

An anderer Stelle äußert sich Steiner über den Lebenssinn so: «Schon mehr innerhalb des menschlichen Organismus als der Vorgang des Tastsinns liegt dasjenige, was wir nennen können den Lebenssinn. Es ist ein Sinn innerhalb des Organismus, an den der Mensch sich heute kaum gewöhnt zu denken, weil dieser Lebenssinn, ich möchte sagen, dumpf im Organismus wirkt. Wenn irgend etwas im Organismus gestört ist, dann empfindet man die Störung. Aber jenes harmonische Zusammenwirken aller Organe, das sich in dem alltäglich und immer im Wachzustande vorhandenen Lebensgefühl, in dieser Lebensverfassung ausdrückt, das beachtet man gewöhnlich nicht, weil man es als sein gutes Recht fordert. Es ist dieses: sich mit einem gewissen Wohlgefühl durchdrungen wissen, mit dem Lebensgefühl. Man sucht, wenn das Lebensgefühl herabgedämpft ist, sich ein bißchen zu erholen, daß das Lebensgefühl wieder frischer wird. Diese Erfrischung und Herabdämpfung des Lebensgefühles, die spürt man, nur ist man im allgemeinen zu sehr an sein Lebensgefühl gewöhnt, als daß man es immer spüren würde. Aber es ist ein deutlicher Sinn vorhanden, der Lebenssinn, durch den wir das Lebende in uns geradeso fühlen, wie wir irgend etwas mit dem Auge sehen, was ringsherum ist. Wir fühlen uns mit dem Lebenssinn, wie wir mit dem Auge sehen.»[35]

Schließlich macht auch folgendes Zitat die seelische Verbundenheit des Kindes mit diesem Leibessinn deutlich: «Man nimmt gewissermaßen die seelischen Wirkungen dieser inneren Sinne (gemeint sind die unteren Sinne – D. S.) wahr. Sie nehmen nicht die Vorgänge wahr, welche die Lebensvorgänge sind, sondern Sie nehmen wahr vom Lebenssinn, was Gefühl ist davon, was Sie nicht wahrnehmen, wenn Sie schlafen, was Sie wahrnehmen als innere Behaglichkeit beim Wachen, als das Durchbehaglichtsein, was nur gestört ist, wenn einem irgend etwas weh tut in seinem Inneren. Das ist der Lebenssinn, der sonst als Behaglichkeit heraufstrahlt, so, daß er gestört ist, geradeso wie ein äußerer Sinn gestört ist, wenn man zum Beispiel schlecht hört. Aber im ganzen lebt sich beim gesunden Menschen der Lebenssinn als Behaglichkeit aus. Jenes Durchdrungensein von Behaglichkeit, erhöht nach einer würzigen Mahlzeit, etwas herabgestimmt beim Hunger, dieses allgemeine innerliche Sich-Fühlen, das ist die in die Seele hineingestrahlte Wirkung des Lebenssinnes.»[36]

Diese Hinweise verdeutlichen die Bedeutung des Lebenssinnes für das grundlegende Erlebnis, sich in seinem Leibe beheimatet fühlen zu können. Oder anders gesagt: Der Lebenssinn, der gleichsam wie ein Spiegel die inneren Lebensprozesse aufnimmt und damit im gesunden Zustand ein Gefühl der Behaglichkeit vermittelt, schafft ein im Unbewußten bleibendes Gefühl der eigenen, durch den Leib erlebbaren Existenz. Die geisteswissenschaftlich ausgerichtete Medizin schreibt dem sympathischen Nervensystem die physische Grundlage für den Lebenssinn zu. Die Reifezeit dieses Nervensystems, nach König als «geschlossenes Organ des Lebenssinnes», erstreckt sich nach der Geburt noch über einen Zeitraum von neun Monaten, «bevor die erste dünne Schicht der Oberfläche des Lebenssinn-Sees sich über die Organprozesse gebreitet hat. Dann erst ist das Kind soweit, daß es seine Organempfindungen ertragen lernt».[33]

Als erwachsene Menschen sind wir dazu in der Lage, einer Tätigkeit auch dann nachzugehen, wenn wir uns unwohl, kraftlos fühlen; durch das fest etablierte Erlebnis unseres Selbst können wir uns bis zu einem individuell verschiedenen Grad über Störungen hinwegsetzen, die durch den Lebenssinn in das Seelische hineinwirken. Ganz anders verhält es sich dagegen beim kleinen Kind, insbesondere beim Säugling, wo Organempfindungen unmittelbar das Gefühlsleben bestimmen und das Seelische somit ganz und gar vom Leibesgeschehen abhängig ist.

Treten Störungen in der Ausreifung des vegetativen Nervensystems als künftiger Träger des Lebenssinnes auf, so hat das weitreichende Konsequenzen. Jenes «innerliche Sich-Fühlen» bleibt aus, die Individualität bekommt kein rechtes Verhältnis zum eigenen Leib. Damit ist eine tiefgreifende Störung in der Beziehung zum anderen Menschen verbunden. «Die Seele des Kindes empfindet den Leib nicht als ihm zugehörig, sondern eher als einen Teil der Welt. Die Sicherheit der Erdenexistenz geht dadurch weitgehend verloren, und Züge und Symptome schwerer autistischer Störungen treten auf. Was zum Erlebnis des eigenen Leibes werden sollte, kommt nicht zustande. *Mein* Leib ist nicht vorhanden, sondern der Körper wird zu einem Glied, das mehr wie ein Koffer ist, den die Seele herumschleppen muß, aber nicht ihr Teil und Instrument, auf dem sie spielt» (K. König).[33]

Die mangelhafte Eigenwahrnehmung in Verbindung mit der gestörten Wahrnehmung der Welt zieht einen Verlust der Nachahmungsfähigkeit nach sich. Eine gesunde Bewegungs- und Sprachentwicklung bleibt aus, ohne die eine gesunde Ausbildung des Denksinnes nicht möglich ist. Hierbei besteht ein Zusammenhang zwischen Lebenssinn und Denksinn. Man kann sich vorstellen, daß die so betroffene Seele Mißbehagen als Dauerzustand erlebt. Der Säugling wird dann zum Beispiel durch andauerndes Weinen oder

Schreien auffallen und Probleme mit dem Schlafrhythmus und bei der Nahrungsaufnahme haben. Therapeutisch steht dann das Wecken des Interesses für den eigenen Leib als Hilfe zur Selbstwahrnehmung im Vordergrund, durch welche erst die Beziehung zum anderen Menschen geschaffen werden kann.

Zu den therapeutischen Maßnahmen gehören unter anderem ein fester Tages-, Wochen- und Jahresrhythmus, Überwärmungsbäder, Einreibungen, Farbtherapie, Heileurythmie, Chirophonetik und Musiktherapie. Wird das Kind allmählich fähig, seine Gliedmaßen bewußt zu bewegen, ist im gemütvollen gemeinsamen Tun eine behutsame Hinwendung auf die Außenwelt möglich, wobei darauf geachtet werden muß, daß das Kind therapeutisch nicht mit Sinnesreizen überfordert wird, die es gedanklich-begrifflich nicht verarbeiten kann. Eine erneute Abwehrreaktion wäre die Folge. Vielmehr ist darauf zu achten, den eigenen Gedankenfluß dem des Kindes anzupassen. Man darf nicht müde werden, über lange Zeiträume hinweg dieselben Übungen mit dem Kind durchzuführen. Dabei kommt es darauf an, nicht in Routine zu verfallen, sondern sie jedesmal neu zu greifen und das Kind durch Begeisterung und Interesse im gemeinsamen wiederholenden Tun innerlich mitzunehmen.

Der Eigenbewegungssinn

Der heutige Mensch ist bewegungsarm geworden. Kinder wachsen oft in einer Wohnsituation auf, die ihrem Bewegungsbedürfnis in keiner Weise mehr entspricht. Erwachsene klagen über Beschwerden, die durch das viele Sitzen im Auto, im Büro usw. verursacht werden.

Nicht nur aus gesundheitlichen Gründen erleben Sportvereine, Fitness-Center und Jogging-Gruppen einen noch nie dagewesenen Zulauf. Bei vielen Menschen besteht das Bedürfnis, den im Alltag erlebten Bewegungsmangel wenigstens in der Freizeit etwas auszugleichen; hängt doch die Bewegungsfähigkeit des Menschen eng mit seinem Seelenleben zusammen.

Marathonläufer berichten von Glücks- und Freiheitserlebnissen während des Laufs; Reiter genießen den rhythmischen Zusammenklang der eigenen Bewegung mit der des Pferdes; Bogenschützen erleben eine tiefe Befriedigung in der Steigerung präziser Bewegungsabläufe von Auge und Arm.

Wird die Bewegung von außen beeinträchtigt, können Ängste und Aggressionen entstehen. Ein Mensch, der festgehalten wird, will sich befreien, physisch wie psychisch.

Menschenkundlich führt Rudolf Steiner in diesem Zusammenhang folgendes aus: «Der Bewegungssinn, dasjenige, das da in uns vorgeht, indem wir durch Verkürzung und Verlängerung unserer Muskeln wahrnehmen, ob wir gehen oder stehen, ob wir springen oder tanzen, also wodurch wir wahrnehmen, ob und wie wir in Bewegung sind, das gibt, in die Seele hineingestrahlt jenes Freiheitsgefühl des Menschen, das ihn sich als Seele empfinden läßt: Empfindung des eigenen freien Seelischen. Daß Sie sich als eine freie Seele empfinden, das ist die Ausstrahlung des Bewegungssinnes, das ist das Hereinstrahlen der Muskelverkürzungen und Muskelverlängerungen in Ihr Seelisches, so wie die innere Behaglichkeit oder Unbehaglichkeit das Hereinstrahlen der Ergebnisse, der Erfahrungen des Lebenssinnes in Ihr Seelisches ist.»[36]

Zum Erlebnis der Freiheit kommt die Freude hinzu, Bewegungsabläufe zu beherrschen: zum Beispiel einen Kreisel in Drehung zu versetzen, auf einem Bein zu hüpfen, einen Turm aus Bauklötzen zu bauen. Das Erlebnis der Freude trägt auch das Spiel. Beim kleinkindlichen Spielen stehen Bewegungsabläufe im Vordergrund.

Das erste Lächeln, der der Mutter folgende Blick sind Zeichen für den sich entwickelnden Bewegungssinn, der im Laufe des ersten Lebensjahres die von oben nach unten fortschreitende Körperkontrolle ermöglicht, deren Krönung das Erlangen des aufrechten Ganges ist.

Das Sinnesorgan für den Eigenbewegungssinn erstreckt sich über die gesamte Muskulatur des Körpers. So erklärt sich, daß sämtliche Bewegungsabläufe und Stellungen der Gliedmaßen bis ins kleinste Detail differenziert wahrgenommen werden können. Beim Ballweitwurf zum Beispiel kann schon im Moment des Wegwerfens eine Empfindung dafür entstehen, ob der Wurf gut, das heißt weit wird oder nicht. Das Gefühl, das zur Beurteilung eines solch komplexen Bewegungsablaufes führt, wird durch den Eigenbewegungssinn ermöglicht.

Die Entwicklung des Eigenbewegungssinnes ist an keine Altersgrenze gebunden, da das ganze Leben hindurch immer neue Fertigkeiten und Geschicklichkeiten ausgebildet werden können, die dem Vorstellungsleben eingeprägt werden müssen. K. König beschreibt diesen Vorgang: «Die Bewegungsformen selbst erheben sich zu einem Bild im Gebiet der Vorstellungen. Diese letzteren werden durch Übung und dauernd sich wiederholenden Vollzug allmählich erworben; das heißt, daß wir uns die komplizierten Bewegungsabläufe zunächst erringen und dann erhalten müssen. Das ungetrübte Vorstellungsbild ist für ihren geregelten Ablauf ebenso notwendig wie die Tätigkeit der Motorik selbst.»[33]

43

Wie sich aus der Gesamtmotorik des Menschen mit dem Erwerb des aufrechten Gangs das Sprechen entwickelt, wurde oben gezeigt. Nicht nur der aktive Sprechvorgang, sondern auch das Vermögen, Sprache von Tönen, Klängen und Geräuschen unterscheiden zu können, hängt eng mit der Entwicklung des Eigenbewegungssinnes zusammen. Interessanterweise ist das Aufnehmenkönnen der Worte (noch nicht das Verstehen) davon abhängig, daß man dazu in die Lage kommt, seinen Bewegungsorganismus zurückhalten, in Ruhe halten zu können. Man kann es bei sich selbst beobachten, wie man in einer Tätigkeit innehält, um das aufnehmen zu können, was zu einem gesprochen wird. Die Zurücknahme der Nachahmung von Gesten und Bewegungen, die das Kind um sich herum erlebt, das Stillhaltenkönnen, schafft beim gesunden Kind bis zum Ende des ersten Jahres die Entfaltung des Wort- oder Sprachsinnes.

Für die heilpädagogische Behandlung steht im Vordergrund, daß die Wahrnehmung für die eigenen Gliedmaßen geweckt werden muß. Kinder mit Lähmungen erleben die betroffenen Gliedmaßen wie Fremdkörper von außen. Sie müssen durch therapeutische Bemühungen langsam in das Bewußtsein des Körperschemas eingegliedert werden. Im Umgang mit Kindern, deren Eigenbewegungssinn gestört ist, fällt auch eine Unsicherheit in den anderen unteren Sinnen auf, insbesondere im Gleichgewichtssinn. Es muß beim Üben hauptsächlich auf die Nachahmung des Kindes, auf eine Sicherheit vermittelnde Lagerung bzw. Sitzstellung des Kindes geachtet werden, um eine größtmögliche Entspannung herbeizuführen, aus der heraus dann der Rhythmus zwischen Anspannen und Loslassen der Muskulatur in der Bewegung geübt werden kann. Jede Unsicherheit oder Ängstlichkeit schafft sekundäre Hindernisse, die den Zugang zum Kind erschweren.

Häufig wird das Kind in den zu übenden Bewegungsabläufen geführt werden müssen. Es hat sich als zusätzliche Maßnahme zur Anregung der Bewegung bewährt, wenn das Kind durchseelten Bewegungen, wie man sie in der Eurythmie erlebt, zuschauen kann. Dadurch wird eine innere Bewegung und Regsamkeit in Gang gebracht, die dann in der therapeutischen Arbeit mit dem Kind aufgegriffen werden kann, insbesondere durch eine speziell für das Kind entwickelte Heileurythmieübung.

Da das Kind erst dann eine gezielte Bewegung durchführen kann, wenn auch die Wahrnehmung für Arme oder Beine vorhanden ist, müssen Therapien in Betracht gezogen werden, die zusätzlich die Sensorik anregen. Auf anthroposophischer Grundlage liegen gute Erfahrungen in der Anwendung der Chirophonetik vor. Des weiteren bieten sich die rhythmische Massage sowie Einreibungen mit durchwärmenden Ölen an, wobei der Tastsinn bei der Erweckung des Eigenbewegungssinnes mit herangezogen wird. Hier wird deutlich, daß eine ganzheitliche, das heißt den Menschen als Leib-Seele-Geist-Wesen erfassende Behandlung erforderlich ist, da letztendlich alle Sinne in Beziehung zueinander – und damit zum geistig-seelischen Wesen des Kindes – stehen.

Der Gleichgewichtssinn

Fasziniert und mit einem leichten Bangen schaut man dem Seiltänzer zu, der in schwindelnder Höhe seine Kunststücke vorführt. Der Atem wird angehalten, während der Akrobat seine waghalsigen Sprünge auf dem Seil tanzt, und erleichtert atmet man auf und applaudiert gerne, wenn der Nervenkitzel sein Ende hat und der Künstler die Leiter wieder hinabklettert.

Hier wird etwas in uns angesprochen, wo es um Sein oder Nicht-Sein geht – ein leises Gefühl von Angst begleitet die Hochseilnummer.

Anders verhält es sich, wenn man einem Jongleur zuschaut, der seine Ringe durch die Luft wirbelt. Dabei kann Begeisterung geweckt werden im Miterleben solcher erstaunlichen Bewegungskunst. Freude entsteht im inneren Nachvollziehen dieser Fertigkeit durch das verstärkte Wahrnehmen des Eigenbewegungssinnes.

Wesentlich für diese Betrachtung ist die Tatsache, daß ein ausgeglichenes Seelenleben von einer gesunden Entwicklung des Gleichgewichtssinnes abhängig ist.

Der Schwindel, der manchen bei einer Turmbesteigung ergreift, kann Existenzängste auslösen. – Die sonst selbstverständliche Seelensicherheit wird tief erschüttert bei dem, der nach mehrwöchigem Gipsbett das erste Mal wieder aufsteht und sich als aufrecht stehender Mensch sein Verhältnis zum Raum wieder neu erringen muß.

Wieviel Mut und Wille dazugehören, sich in die Aufrichte zu begeben und dann die ersten freien Schritte zu wagen, weiß jeder, der die Möglichkeit hatte, ein kleines Kind bei seinen ersten freien Steh- und Gehversuchen zu beobachten.

Dem Gleichgewichtssinn liegt nach R. Steiner folgendes zugrunde: «Wie empfinden wir denn, in die Seele hineingestrahlt, die Erlebnisse des Gleichgewichtssinnes? Das ist schon ganz seelisch: Wir empfinden das als innere Ruhe, als jene innere Ruhe, welche macht, daß, wenn ich von da bis hierher gehe, ich doch nicht zurücklasse den, der da in meinem Körper steckt, sondern ihn hinnehme; der bleibt ruhig derselbe. Und so könnte ich durch die Luft fliegen, ich würde ruhig derselbe bleiben. Das ist dasjenige, was uns unabhängig erscheinen läßt von der Zeit. Ich lasse mich auch heute nicht zurück, sondern ich bin morgen derselbe. Dieses Unabhängigsein von der Körperlichkeit, das ist das Hineinstrahlen des Gleichgewichtssinnes in die Seele. Es ist das Sich-als-Geist-Fühlen.»[36]

Wie bei der Darstellung der drei anderen unteren Sinne eine Metamorphose zu höheren Wahrnehmungsfähigkeiten aufgezeigt werden konnte, so ist dies auch für den Gleichgewichtssinn möglich.

Es geht hierbei um die Möglichkeit, Mathematik im späteren Lebensalter betreiben zu können, was nach Steiner darauf beruht, «daß im Gleichgewichtssinn und Bewegungssinn sich nichts anderes abspielt als ein lebendiges Mathematisieren».[37] Die Tätigkeit dieser beiden Sinne erfährt somit nach dem Zahnwechsel eine leibbefreite, ins Denken hinaufgehobene Kraft des abstrakt-logischen Kombinierens. Durch den Gleichgewichtssinn lernt der Mensch, sich in die Raumesdimensionen zu stellen. Es werden im ersten Jahrsiebt, unbewußt bleibend, am eigenen Leib Formen, Strukturen erlebt, die später als abstrakte Geometrie zur Darstellung gebracht werden können.

In seiner weiteren Betrachtung über die Beziehung von Gleichgewichtssinn und Hörsinn sagt König: «Dann besteht das Labyrinth aus drei Teilen:

1. dem Bogengangsystem, das dem Raum- oder Leichtesinn dient.
2. dem Utriculus, das dem Schweresinn zugeordnet ist.
3. dem Sacculus und der Schnecke, die das Hören vermitteln.

Der Schweresinn mit dem Statolithenorgan ist der Anfang; aus ihm bildet sich einerseits das Bogengangsystem und andererseits die Schnecke aus. So sind der Leichtesinn und das Hören gleich zwei Wege, die, aus der gleichen Wurzel kommend, zu einem Dritten, Höheren hinzustreben scheinen. Der Raumsinn eröffnet der menschlichen Seele das Erlebnis der drei Raumrichtungen. Sie unterscheidet zwischen oben und unten, rechts und links, vorne und hinten. Dadurch aber lebt sie sich in die Gestalt und Form ihres Leibes ein. So erschließt der Raumsinn der Seele die Figur des physischen Körpers; so wird der Leib zum Träger der Seele. Dieser aber, die sich nun ihrem Leib vermählt, eröffnen sich dadurch die höchsten Baukräfte der Welt, die musikalischer Natur sind.»[33]

Es ist nachvollziehbar, daß Störungen in der Entwicklung des Gleichgewichtssinnes mit dem aus ihnen resultierenden Erleben der Existenzverunsicherung und Unausgeglichenheit eine freie Darstellung des Seelischen durch die Gebärde erschweren, wenn nicht unmöglich machen.

Wird dem Kind ein Gefühl der Sicherheit, des Gehaltenseins vermittelt, können verschiedene Übungen zur Schulung des Gleichgewichtes durchgeführt werden. Dazu sollen einige Beispiele gezeigt werden.

Neben dem Wiegen, Schaukeln, in verschiedenen Haltungen Getragen-Werden und dem Sitzen auf dem Schoß stehen Hilfsmittel zur Verfügung, die auch in Krankengymnastikpraxen ihre Anwendung finden. Dazu gehört ein großer Ball, vor dem das Kind kniend oder stehend nach etwas greift bzw. auf die andere Seite hinüberreichen muß oder an dem es sich erst einmal nur festhalten kann. Das Kind kann auf den Ball gelegt oder gerollt werden, so daß es durch Veränderungen der Lage immer wieder neu die Balance herstellen muß. Auch kann auf dem Ball das Sich-mit-den-Händen-Abstützen geübt werden. Für solche Übungen wird auch eine Rolle verwendet, auf die das Kind gelegt oder gesetzt und bewegt werden kann.

Gerne wird auch der Balancierkreisel vom Kind angenommen, auf dem es sitzend oder stehend gedreht und gewippt werden kann.

Eine ähnliche Funktion erfüllen Wippbretter, die eine Reihe von verschiedenen Übungen zulassen.

Bewährt hat sich für die Gleichgewichtsstimulation auch die Methode, bei der das Kind auf den Füßen des Erwachsenen steht und so mit ihm durch den Raum geht.

Auch im Spiel kann der Gleichgewichtssinn durch Türmebauen mit Bauklötzen etc. geschult werden.

Für schon größere Kinder hat R. Steiner im Heilpädagogischen Kurs anläßlich der Besprechung der Epilepsie und ihrer therapeutischen Behandlung Gleichgewichtsübungen mit Hanteln empfohlen sowie Gewichte, die während der Übungen an den Füßen befestigt werden.

Letztendlich stellt jedes Gleichgewichtsproblem eine Schwierigkeit für das Ich in der Auseinandersetzung mit den Schwerekräften dar. Das Vermögen, sich in die Raumesdimensionen aufrecht hineinzustellen, findet durch die Heileurythmie eine, wenn möglich vorrangige, wertvolle Unterstützung.

Der Rhythmus

Der Mensch ist sein ganzes Leben hindurch in verschiedene Rhythmen eingegliedert. Rhythmen, die in ihm liegen, wie Puls, Atmung, abwechselnde Aktivität und Passivität der Organprozesse (Biorhythmus), der Menstruationszyklus. Sie alle stehen in Korrespondenz mit Rhythmen außerhalb seines Leibes: zum Beispiel Tag-Nacht-, Wochen-, Monats- und Jahresrhythmen. Auch die Rhythmen der Gestirne stehen in Verbindung mit dem Menschen; manche Menschen leiden zum Beispiel in der Zeit des Vollmondes an Schlaflosigkeit und Unruhezuständen.

In der anthroposophischen Menschenkunde wird der Ätherleib als das Wesensglied erkannt, in welchem aufbauende, gesundende Kräfte liegen. Dieser Äther- oder Lebensleib steht wie alles Leben in unmittelbarer Verbindung zum Rhythmus. Unrhythmisches Leben zehrt und macht krank – es widerspricht der menschlichen Natur. Dagegen wirkt alles, was rhythmisch auf den Menschen Einfluß nimmt, kräftigend auf den Ätherleib.

Viele Entwicklungsstörungen sind nach Steiner auf eine Schwäche des Ätherleibes zurückzuführen. Es liegt daher nahe, auf dieses Wesensglied ein besonderes therapeutisches Augenmerk zu richten.

Rhythmisch fließt der lebenserhaltende Atem; durch die Atmung inkarniert sich der Mensch. Bei vielen seelenpflegebedürftigen Kindern sind Atemstörungen festzustellen, zum Beispiel Hyperventilation oder ein ganz oberflächliches, kaum mehr wahrnehmbares Atmen. Eine Harmonisierung des Atems, der zum mittleren, also rhythmischen System des Menschen gehört, hat seine Wirkung auch auf die höheren Wesensglieder, die nun besser in den Leib eingreifen können. Den Zusammenhang des Atems mit der Seele hat Goethe in die Dichterworte gefaßt:

> Im Atemholen sind zweierlei Gnaden:
> Die Luft einziehen, sich ihrer entladen;
> Jenes bedrängt, dieses erfrischt;
> So wunderbar ist das Leben gemischt.
> Du danke Gott, wenn er dich preßt,
> Und dank' ihm, wenn er dich wieder entläßt.

Das Stabilisieren des physischen – und damit auch seelischen – Atmens ermöglicht den vermittelnden Ausgleich zwischen dem oberen und unteren Menschen, das heißt eine Harmonisierung von Denken und Wollen durch das Gefühl.

Neben bestimmten Therapien und rhythmischen Sing- und Sprachspielen, die sich direkt an das rhythmische System wenden, spielt die Gestaltung des Tages-, Wochen- und Jahresrhythmus eine wesentliche Rolle. Die Ausbildung von festen Gewohnheiten, von täglich wiederkehrenden Handlungen zur selben Zeit vermitteln dem Kind Lebenssicherheit und Orientierungsvermögen; außerdem tragen sie zur Schulung des Willens bei.

Das kleine Kind wiederholt gerne Bewegungsabläufe, Spiele und Tätigkeiten oder will dasselbe Märchen mehrere Male hören. Auf dieses Bedürfnis einzugehen, ist wichtig, da das Willensleben des Kindes dadurch in einer selbstverständlichen Weise geschult wird. Das wird sich auf die Ausbildung von Initiativfähigkeit, Tatkraft und guten Gewohnheiten auswirken. Für das kleine Kind ist das Wiedererkennen bestimmter Motive von großer Bedeutung: Unsicherheiten wird damit vorgebeugt, und die Wiederholung vertieft die Eindrücke. Daher hat sich auch ein rhythmisch gegliederter, gleichbleibender Stundenaufbau in der therapeutischen Arbeit bewährt; Variationen der Themen sind dennoch möglich.

Man darf davon ausgehen, daß die Pflege eines rhythmischen Lebens zu einer allgemeinen Kräftigung der Konstitution des Kindes führt.

Schlafen und Wachen – Störungen und therapeutische Gesichtspunkte

Bei einem neugeborenen Kind steht das Ausbilden der Rhythmen von Schlafen und Wachen und der Nahrungsaufnahme im Vordergrund. Das große Schlafbedürfnis des Säuglings kann als Fortsetzung des vorgeburtlichen Zustands verstanden werden und weist darauf hin, wie sich das geistigseelische Wesen des Kindes erst ganz allmählich in die Sinneswelt hineinleben muß. Völlig schutzlos ist der Säugling den Sinneseindrücken hingegeben, er kann ihnen noch nichts entgegenstellen. R. Steiner weist darauf hin, daß der Schlaf des kleinen Kindes eine andere Qualität hat als der Schlaf des Erwachsenen. Während vom Erwachsenen die Tagesgeschehnisse im Schlaf verarbeitet werden, kann dies der Säugling bzw. das neugeborene Kind nicht in derselben Weise:

«Dahin muß es gebracht werden durch die richtiggehende Erziehung, daß das, was der Mensch auf dem physischen Plan erfährt, hineingetragen wird in dasjenige, was der Seelengeist oder die Geistseele tut vom Einschlafen bis zum Aufwachen. Wir können als Unterrichtende und Erzieher dem Kinde gar nichts von der höheren Welt beibringen. Denn dasjenige, was in den Menschen von der höheren Welt hineinkommt, das kommt hinein in der Zeit vom Einschlafen bis zum Aufwachen. Wir können nur die Zeit, die der Mensch auf dem physischen Plan verbringt, so ausnützen, daß er gerade das, was wir mit ihm tun, allmählich hineintragen kann in die geistige Welt und daß durch dieses Hineintragen wiederum in die physische Welt zurückfließen kann die Kraft, die er mitnehmen kann aus der geistigen Welt, um dann im physischen Dasein ein rechter Mensch zu sein. – So wird zunächst alle

Unterrichts- und Erziehungstätigkeit gelenkt auf ein recht hohes Gebiet, auf das Lehren des richtigen Atmens und auf das Lehren des richtigen Rhythmus im Abwechseln zwischen Schlafen und Wachen.»[23]

Bis dieser Schlaf-Wach-Rhythmus beim Kind gefestigt ist, so daß die am Tage erlebten Ereignisse im Schlaf verarbeitet werden können und der Mensch mit neuer Kraft erwacht, muß insbesondere in der ersten Lebenszeit darauf geachtet werden, daß das Nerven-Sinnes-System geschont wird. Ein Zuviel an Sinneseindrücken führt beim Kleinkind in besonderem Maß dazu, daß die Eindrücke im Organismus weiterwirken und, wenn sie sich nicht rhythmisch und organisch in das Leben des Kindes eingliedern, zu einer Überreizung und damit zu einem beeinträchtigten Wohlbefinden, das heißt zu einer Störung im Bereich des Lebenssinns führen. Weinen und Schreien können die Folgen sein.

Eltern, die wegen Schlafrhythmusstörungen ihres Kindes Beratung suchen, müssen in einem gemeinsamen Gespräch herausfinden, welche inneren und äußeren Faktoren für die Schlafstörungen in Frage kommen. Dabei muß, wie schon erwähnt, bei Kindern mit einer Behinderung davon ausgegangen werden, daß auch der Lebenssinn bei Schlafstörungen eine Rolle spielt. Anschaulich wird das an den Ausführungen R. Steiners über den Säuglingsschlaf: «Denken Sie nur einmal daran, wie es ist, wenn das Kind die Milch getrunken hat und einschläft. In diesem Schlaf hat das Kind das Wohlgefühl der Verdauung. Es genießt das, was in seinem Körper vorgeht. Und erst wiederum, wenn es hungrig wird, wacht es auf. Denn das, was da vorgeht, wenn es hungrig ist, hat es weniger gern. Da wacht es wiederum auf. Also Sie sehen, das Kind, das will seinen Körper auch im Schlaf noch genießen.»[38]

Auch verschiedene äußere Umstände können Schlafstörungen auslösen oder das schon bestehende Problem verstärken.

Steht die Wiege an einer zugigen oder Temperaturschwankungen ausgesetzten Stelle? Wird das Kind durch das Rauschen von Wasserleitungen in der Wand gestört? Gibt es in der Nähe stark riechende Pflanzen? Unruhe entsteht auch durch zu warme oder zu kühle Bedeckung. Kleidung aus Kunstfasern, die sich elektrostatisch auflädt, die Wärme staut und zu unangenehmer Schweißbildung führt, kann den Schlaf des Kindes beeinträchtigen.

Im Schlafrhythmus gestörte Kinder brauchen einen rhythmisch streng gegliederten Tagesablauf. Es hat sich gezeigt, daß das Problem zunimmt, wenn die Personen, die sich um das Kind kümmern, häufig wechseln. Dies ist zum Beispiel der Fall, wenn beide Elternteile berufstätig sind und das

Kind tagsüber in Pflege gegeben wird. Dann kommt zu dem gestörten Verhältnis zum Leib noch die nicht verstandene Veränderung durch Raum- und Personenwechsel hinzu.

Findet das Kind nicht zu seinem eigenen Rhythmus, sollte der Erwachsene zur Schlafenszeit möglichst auf die Minute genau eine Umgebung gestalten, die das Einschlafen fördert: Der Schlafraum wird abgedunkelt, damit sich visuelle Sinneseindrücke nicht mehr ablenkend auswirken. Helfen kann es, die alten Kinderschlaflieder zu summen oder zu singen oder auf einer pentatonisch gestimmten Leier leise zu spielen. Eine sanft bewegte Wiege vermittelt dem Kind Wohlbehagen, das das Einschlafen erleichtert. – Gewarnt sei vor dem Einsatz allopathischer Schlafmittel. Sie lösen das Problem nicht, sondern verschleiern nur die Symptomatik.

Eltern, deren behindertes Kind an Schlafstörungen leidet, sollten das Bewußtsein auch auf die Wachphasen ihres Kindes richten. Man kann oft erleben, daß Kinder mit Schlafstörungen die Zeiten, in denen sie wach sein sollten, oft in einem Dämmerzustand verbringen. Durch das Verbleiben im Dämmerzustand tritt kein Tiefschlaf ein, das Kind wird unruhig, weinerlich und zeigt Unzufriedenheit. Eine alte Wahrheit aber ist die, daß nur derjenige tiefen, erholsamen Schlaf findet, der vorher auch ganz wach und bewußt war. Die Gründe dafür, daß das Kind nicht ein waches Tagesbewußtsein entwickeln kann, sind vielschichtig. Im *Heilpädagogischen Kurs* spricht Steiner während einer Kindervorstellung davon, daß «der astralische Leib und die Ich-Organisation nicht ordentlich untertauchen. Sie stoßen auf so etwas wie eine Felsennatur des Organismus auf. Nun hängt die ganze Aufmerksamkeit, die wir der Welt entgegenbringen, davon ab, daß wir mit unserem Geistig-Seelischen in der richtigen Weise ins Körperlich-Physische eingreifen können». Im selben Vortrag kommt er auf die Therapie zu sprechen, indem er darauf hinweist, daß das Nervensystem als Grundlage für den astralischen Leib und die Ich-Organisation durch Bäder oder Abwaschungen beeinflußt werden muß. Für die am Kurs teilnehmenden Ärzte wird auf die Bedeutung von Arsen und Levicowasser hingewiesen, denn «dadurch wird auf das Nervensystem gewirkt und der astralische Leib stark gemacht».[2]

Auch Kinder, die zur Epilepsie neigen, haben Schwierigkeiten, sich zu einem klaren Bewußtsein durchzuringen. Nach R. Steiner beruht die Epilepsie auf einer Stauung der höheren Wesensglieder in bestimmten Organen, was auf eine zu starke Verdichtung in der physischen und ätherischen Struktur des jeweiligen Organs zurückzuführen ist. Das hat zur Folge, daß Ich und Astralleib zwar in den physischen und ätherischen Leib untertauchen, von dort aus aber sich nicht auch in die physische Welt hineinarbeiten können, was notwendig ist, um in ein rechtes Verhältnis zum Beispiel zu den Schwerekräften zu gelangen. Es findet also eine Stauung statt. «Das tritt in der Außenwelt als Krampf auf. Das sind Krämpfe. Jedesmal, wenn ein Krampf auftritt, findet eine innere Stauung an der Oberfläche irgendeines Organes statt. Diese Stauungen sind ja vorzugsweise in den Gehirnpartien vorhanden – und wir wissen ja, wie sich die Gehirnpartien zu den anderen verhalten –, können aber durchaus darin bestehen, daß sich in Leber oder Lunge etwas staut und die Gehirnstauung nur eine Projektion, ein schwächeres Abbild ist.»[2]

Dadurch, daß die höheren Wesensglieder nicht die richtige Verbindung mit der Umwelt eingehen, entstehen Störungen; die therapeutischen Maßnahmen verhelfen den höheren Wesensgliedern zu einer Eingliederung in die physische Welt und deren Elemente.

Allgemein müssen Möglichkeiten gefunden werden, Ich und Astralleib für den Leib zu interessieren, «Begierde» zu entwickeln, im Leib zu leben. Dazu erklärt R. Steiner: «Wenn Sie abends einschlafen, so haben Sie keine Begierde mehr nach Ihrem physischen Körper. Der ist ganz angefüllt von Ermüdungsstoffen. Da drinnen ist nicht mehr gut sein. Die Seele, also das Ich und der astralische Leib, wollen sich außerhalb des physischen Leibes erholen. Morgens, wenn der physische Körper wieder hergestellt ist, was die außer dem physischen Körper befindliche Seele merkt an dem *Zustand der Haut,* weil sie in seiner Nähe ist, da geht die Seele wieder in den physischen Körper hinein, weil sie Begierde hat, im physischen Körper drinnen zu sein, solange der physische Körper überhaupt imstande ist zu leben. Die Seele hat also das ganze Leben hindurch die Begierde, im Körper drinnen zu leben.»[38]

Hier muß wieder auf die Bedeutung der unteren Sinne hingewiesen werden, deren Zusammenwirken die rechte Inkarnation erst ermöglicht. Dabei ist die Bemerkung R. Steiners von Bedeutung, daß die Seele über den Zustand der Haut merkt, ob der physische Körper wieder hergestellt ist. Es ist denkbar, daß zu einer Wiederherstellung neben den vorher aufgeführten Maßnahmen zu einer Anregung der Nerven-Sinnes-Organisation auch auf die inkarnierende Wirkung einer rhythmischen Massage oder chirophonetischen Behandlung zurückgegriffen wird. Eine Fortsetzung dieser Therapie durch die Inanspruchnahme des Willens, das heißt durch die aktive Bewegung der Gliedmaßen, ist dann das Anliegen der Heileurythmie.

Auch durch Verabreichen eines gesüßten Tees kann das Ich eine Hilfe bekommen, sich leichter mit dem physischen Leib zu verbinden. Das Selbstgefühl wird durch die Süße unterstützt, wobei darauf zu achten ist, daß mit dem Zucker umzugehen ist wie mit einem Medikament. Er soll nur den

Impuls geben, das heißt das Ich zur Aktivität anregen. Es wird darauf zu achten sein, daß ansonsten das Ich sich den erforderlichen Zucker im Verdauungsorgan selbst aus der Stärke zubereitet.

Weiterhin ist besonders auf den Wärmehaushalt des Kindes zu achten, da die Wärme dem Ich hilft, sich besser im Leibe zu halten.

Eßprobleme – Die Nahrungsaufnahme und ihre Wirkung

Es sollen in diesem Kapitel nicht Eßprobleme besprochen werden, deren Ursache physiologischer Natur sind. Vielmehr wird versucht, mögliche Hintergründe von Eßstörungen wie Nahrungsverweigerung oder übersteigerte Eßgier zu erörtern und therapeutische Ansätze zu schildern.

Über die Sinne wird die Umwelt vom Kind «einverleibt»; dazu müssen die Sinneseindrücke seelisch verarbeitet, «verdaut» werden. – Wird vom Menschen Nahrung aufgenommen, muß die physische Substanz verwandelt werden, indem die Nahrungsmittel durch die bekannten chemischen Prozesse aufgespalten werden. Sie werden dabei vollständig aufgelöst, zerstört. R. Steiner beschreibt den Astralleib als das höhere Wesensglied, das den Abbau, die Zersetzung der Stoffe bewirkt, wodurch ermöglicht wird, daß der Mensch Bewußtsein entwickeln kann. Die Nerventätigkeit als Grundlage für die Bildung von Vorstellung und Denkvermögen ist ein Ergebnis des vom Astralleib bewirkten Abbaus.[39]

Für ein Verständnis der Eßstörungen muß festgehalten werden, daß der Ätherleib aufbauend, lebenserhaltend wirkt und somit in einem polaren Verhältnis zum Astralleib steht.

Die Individualität selbst ist nun dazu aufgerufen, die zerstörte, aufgelöste Substanz zu ergreifen, um sich in einmaliger Weise ihre Leiblichkeit aufzubauen. Nach der Chaotisierung der Nahrungsstoffe werden diese vom Ich in eine neue Ordnung verwandelt; die dabei gebildeten Substanzen sind es, die nähren.

Für den Leib-Seele-Geist-Zusammenhang ist es von entscheidender Bedeutung, welche Art und Qualität dem Nahrungsmittel eigen war. Der Tischspruch des Angelus Silesius weist darauf folgendermaßen hin:

> Das Brot ernährt dich nicht: Was dich im Brote speist,
> Ist Gottes ew'ges Wort, ist Leben und ist Geist.

Die aufgenommene Nahrung bestimmt das Denken, Fühlen und Wollen des Menschen mit. Die Kenntnis, welches Nahrungsmittel schwerpunktmäßig auf welchen dieser drei Bereiche wirkt, führt dazu, Ernährung als therapeutisches Mittel einzusetzen.

Wie das geschehen kann, zeigt das Beispiel der pflanzlichen Ernährung. R. Steiner beschreibt die Pflanze als dreigegliedert, wobei sie in einem bestimmbaren Verhältnis zum dreigegliederten Menschen steht.[39]

Es läßt sich zeigen, daß die formkonstante Wurzel, welche mineralisierende Prozesse in sich trägt und in der das Leben deutlich zurücktritt, dem Kopfbereich des Menschen zuzuordnen ist. Im Kopf finden parallel zur Wurzel die geringsten Vital- und Stoffwechselvorgänge statt; er stellt den ruhenden Pol des Menschen dar.

Der Blattbereich, der an der Pflanze in rhythmischen Abständen wächst, steht in Beziehung zum mittleren Bereich des Menschen, insbesondere zu seiner Atmung.

Schließlich finden in der Blüte Stoffumwandlungs- und Auflösungsprozesse statt, die R. Hauschka so beschreibt: «Von der Blüte an geht die Pflanze in ihrer Stofflichkeit durch große Verwandlungen. Die Substantialität der Blüte wird immer leichter und feiner. Der Zucker geht über in die Farben (Glykoside), es bilden sich die Duftstoffe, und die Pflanze verströmt, verstrahlt und verduftet in das Weltall hinaus. Wie eine Antwort aus dem Kosmos erscheint uns eine zweite Verdichtungswelle, die die Frucht- und Samenbildung zur Folge hat.»[40]

Im Stoffwechselbereich des Menschen wird Substanz umgewandelt und nach dem Durchtritt durch die Darmwand – dieser Vorgang kann mit dem Verströmen des Blütenduftes verglichen werden – vom Organismus aufgenommen, worauf, im Vergleich zur Pflanze mikrokosmisch, die Antwort des Ichs in der neuen, einzigartigen Stoffbildung besteht.

Die therapeutische Anwendung dieser Erkenntnis besteht darin, daß dem überhandnehmenden Sinnes-Nerven- oder Stoffwechsel-Pol die Gegengewichte geschaffen werden, indem entweder der obere Bereich der Pflanze zur Unterstützung des Stoffwechselpols oder die Substanzen der Wurzel bzw. die Wurzel selbst zur Unterstützung des Sinnes-Nerven-Pols als Nahrung gegeben wird.

Das rhythmische System als ausgleichende Mitte wird gekräftigt und in seiner Funktion unterstützt durch den Blattbereich, zum Beispiel durch Blattgemüse, Salat, Spinat usw.

R. Steiner beschreibt die pflanzliche Ernährung so, daß sie vom Menschen eine wesentlich höhere Eigenaktivität verlangt in der Umwandlung ihrer

Stoffe in solche, die für den Aufbau des Leibes erforderlich sind, als die Ernährung mit Fleisch. Hier wurde vom Tier die erforderliche Umwandlung schon teilweise geschaffen, und der Mensch muß bei der Verwertung tierischer Nahrung eine geringere Eigenaktivität aufbringen. Während die pflanzliche Nahrung den Leib für die Seele transparent und leicht macht, was in Meditationsschulungen von jeher bekannt ist, führt tierische Nahrung zu einer Verdichtung und damit seelisch mehr zu einem Interesse für irdische Angelegenheiten.[41]

Aus den vielen Hinweisen R. Steiners über die Wirkung der verschiedenen Nahrungsmittel sei für unsere Betrachtung nur noch auf den Zucker aufmerksam gemacht, der der Seele «innerliche Festigkeit gibt, was sie innerlich stützt, was sie gewissermaßen mit einer Art natürlicher Egoität durchzieht».[39]

Nahrungsverweigerung

Eßprobleme im frühen Kindesalter können sich in Form der teilweisen oder totalen Nahrungsverweigerung sowie in einer übersteigerten Eßgier äußern. Mögliche Auslöser für eine Nahrungsverweigerung sind:

– Durch die zu lose Verbindung von Ich und Astralleib mit dem physisch-ätherischen Leib entsteht keine oder nur eine abgeschwächte Wahrnehmung für das Hungergefühl.

– Das Kind schreckt davor zurück, sich irdische Stoffe einzuverleiben. Es spürt instinktiv, daß die Verbindung der Seele mit dem Leib so schwach ist, daß eine Bewältigung, also Verdauung und Umwandlung der Nahrung, von ihm nicht geleistet werden kann. Nahrung wird zur Bedrohung, denn sie verlangt nach einer Ich-Aktivität, die zu erbringen vom Kind als Schmerz erlebt wird. Schon beim Kauen wird eine Willensaktivität gefordert, die sich, wenn auch unbewußt bleibend, durch den ganzen Verdauungsprozeß hindurchzieht.

– Ich und Astralleib wollen eine Berührung mit irdischer Substanz meiden, sich davon zurückziehen. Dies läßt sich auch daran feststellen, daß das Kind nichts anfassen möchte oder, wenn unbedingt nötig, dann nur mit den Fingerspitzen. Die Begegnung mit der Außenwelt wird als zu stark erlebt.

– Der Zwang, Nahrung nicht über die «Schwelle» des Mundes in das Innere gelangen zu lassen, kann in Verbindung mit manchmal zu beobachtenden

Schwellenängsten gesehen werden; das heißt, das Kind hat Raumveränderungsängste, die darauf beruhen, daß mit dem Ändern der Situation das Kind in dem Gefühl lebt: Ich kann mich aus der gewohnten Situation nicht mit in die neue hinübernehmen – also Angst vor dem Ich- bzw. Existenzverlust durch die Identifikation mit dem Gewohnten, Fixierten.

– Teilweise Nahrungsverweigerung, die auf das Vermeiden bestimmter Lebensmittel gerichtet ist, findet sich häufig bei Kindern mit autistischen Zügen. Das Kind ist dann dem Zwang ausgeliefert, nur ganz bestimmte Lebensmittel zu essen; Farbe und Form der Nahrung spielen dabei oft eine Rolle. Die Entwicklung einer Vermeidensstrategie sowie die Ausbildung bestimmter «Riten» und teilweise sinnloser Bewegungsabläufe sind der verzweifelte Versuch, das mangelnde Selbsterleben, das Ruhen in sich durch äußere Scheinordnungen zu ersetzen, die immer gleich bleiben müssen. Eine Unterbrechung dieser Zwänge wird als existentielle Bedrohung erlebt, und andere Zwänge werden dafür entwickelt.

– Eine Essensunlust, deren Ursache rechtzeitig erkannt wird – meist sind familiäre Schwierigkeiten und Spannungen die Auslöser –, kann durch eine seelische Schutzhüllenbildung und Elternarbeit behoben werden. Sie führt aber zu einer Nahrungsverweigerung, wenn das Kind «zum Fall» wird. Das bedeutet, daß vom Kind die starke Erwartungshaltung der Eltern oder Erzieher so deutlich wahrgenommen wird, daß Essen zum Leistungsdruck, zum Streß wird. Gerade das kleine Kind, das sich in seiner Leiblichkeit noch nicht völlig abgegrenzt erlebt, spürt besonders deutlich die seelische Atmosphäre um sich herum und verweigert sich. Hier bringt ein Situationswechsel oft große Hilfe. Wird das Kind von einer größeren, unbefangenen Tischgemeinschaft empfangen, wo das natürliche Gespräch weitergeht und die Aufmerksamkeit nur mehr beiläufig auf das Kind gerichtet ist, fängt es plötzlich wieder an zu essen. Der Erwartungsdruck ist von ihm genommen, die Seele fühlt sich befreit, und der Appetit setzt ein.

Therapeutische Gesichtspunkte

Nahrungsverweigerung wird in den wenigsten Fällen direkt angegangen werden können. Vielmehr handelt es sich darum, auf den Willen des Kindes über die Behandlung der unteren Sinne zu wirken und das Ich so zu kräftigen, daß die Angst vor der Berührung und Auseinandersetzung mit der Materie schwindet.

Ich denke an folgende Beziehungen der Nahrungsaufnahme zu den unteren Sinnen:

Kauen und Schlucken der Nahrung: *Eigenbewegungssinn*
Speise im Mund und im Leib als «Ertastetwerden» erleben: *Tastsinn*
Verdauung und daraus entstehendes Wohlbehagen : *Lebenssinn*
Sich-als-Geist-Fühlen, das heißt als sich erlebende Persönlichkeit
die Umwandlung der Nahrung bewältigen: *Gleichgewichtssinn*

– Bei mangelndem Appetit bzw. fehlender Begierde nach Nahrung kann die vorher beschriebene Wirkung des «medikamentös dosierten» Zuckers eingesetzt werden, um der Seele die von Steiner beschriebene innere Stütze zu vermitteln. Der Astralleib geht eine stärkere Verbindung mit dem physisch-ätherischen Leib ein, und Hungergefühl kann entstehen.

– Es überwiegen in diesen Kindern häufig die Kälteprozesse, sowohl was die Körpertemperatur als auch was das seelische Erleben der oftmals bedrohlich erscheinenden Welt betrifft.

Ein auf die Welt gerichtetes gemüthaftes Interesse zu entwickeln und die Vermittlung religiöser Inhalte, die sich unmittelbar an das Ich des Kindes wenden, sind hier die therapeutischen, Seelenwärme erzeugenden Grundhaltungen der Erwachsenen dem Kind gegenüber.

– Grundsätzlich kann gesagt werden, daß das Kind da abgeholt werden muß, wo es seelisch steht. Es ist bei Nahrungsverweigerung von Vorteil, mit Flüssignahrung zu beginnen, die ganz allmählich verdichtet wird. Immer ist auf die Schulung der unteren Sinne, also das Üben mit dem ganzen Menschen, zu achten. Kommt das Kind in die Lage, tasten und greifen zu wollen, ist oft auch eine erhöhte Toleranzbereitschaft des Tasterlebnisses im Mund zu beobachten. Die den Magen anfüllende Speise vermittelt ein Erlebnis des Getastetwerdens, das ertragen werden muß.

– Aus dem vorher Gesagten ergibt sich, daß Nahrung vom oberen Pflanzenbereich, also Obst, Früchte und der mit der Blüte verwandte Zucker, dem Wurzelhaften, ohne einseitig zu werden, vorzuziehen ist.

Übermäßiges Nahrungsverlangen

Das übermäßige Verlangen nach Nahrung kann schon im frühen Kindesalter festgestellt werden. Auch hier liegt bei den Fällen, deren Verhalten nicht nur mit einer durch äußere Umstände hervorgerufenen psychischen Problematik erklärt werden kann, eine Inkarnationsstörung vor.

Folgende Variationen sind bei Kindern mit einem unmäßigen Verlangen nach Essen zu beobachten:

– Das Kind ißt bei den Mahlzeiten auffallend viel. Es schreit, wenn es nicht noch mehr bekommt, und nützt jede Gelegenheit, sich Eßbares zu besorgen. Dabei kommt es ihm nicht darauf an, *was* es zu essen erhält.

– Im Extremfall werden auch Dinge gegessen, die mit Nahrungsmitteln nichts zu tun haben.

– Manche Kinder haben ein ständiges Verlangen nach Zucker.

– Andere wieder könnten sich allein von Fleisch ernähren.

Während bei der Nahrungsverweigerung der Astralleib zu schwach in den Stoffwechselbereich eintaucht, kann man bei einer gesteigerten Gier nach Essen davon ausgehen, daß eine zu starke, nicht vom Ich geführte, astralische Wirksamkeit vorliegt. Diese Eßstörung tritt häufig bei Kindern mit Hirnschädigungen auf, aber auch bei Kindern, die schwer milieugeschädigt oder hospitalisiert sind. Allen ist gemeinsam, daß das Denken, das Bilden von Vorstellungen und Bewußtsein, stark beeinträchtigt ist. Dieses Phänomen führt dazu, daß eine Störung in der Entwicklung des Lebenssinnes angenommen werden muß. Das beschriebene «innerliche Sich-Fühlen» bleibt aus und wird ersetzt durch eine Wahrnehmung der Organe, die, vom Astralleib aufgenommen, als übermäßige Gier im Seelenleben auftaucht. Der geschwächte Kopfpol kann dieser vom unteren Menschen aufsteigenden Einseitigkeit nichts entgegensetzen. – In einem gewissen Sinne ist hier eine Parallele zur Kleptomanie festzustellen, die auf eine ungenügende Entwicklung der Vorstellungsbildung zurückzuführen ist. Anstatt sich, wie es gesund wäre, Vorstellungen anzueignen, rutscht diese Tätigkeit in den Willensbereich hinunter, und ohne daß er sich dessen recht bewußt wird, eignet sich der betreffende Mensch nicht Vorstellungen an, sondern Gegenstände.

Weiterhin können folgende Gesichtspunkte bei unmäßigem Nahrungsverlangen eine Rolle spielen:

– Die ständige Nahrungsaufnahme soll über die daraus, auch über Geruch und Geschmack, entstehende verstärkte Leibeswahrnehmung eine Intensivierung des eigenen, nur dumpf erlebten Existenzbewußtseins vermitteln.

– Die Eigenschaft, alles in den Mund stecken zu wollen, kann bei manchen Kindern als Fortsetzung der frühkindlichen «oralen Phase» interpretiert werden. Die Dinge werden auch mit zunehmendem Alter physisch aufgenommen, anstatt aus der Distanz heraus objektiviert zu werden, was dem Kind ermöglichen würde, zum Ich-Welt-Erlebnis (Diskriminationsentwicklung) und zur das Denken entwickelnden Begriffsbildung zu kommen.

– Ein gesteigertes Verlangen nach Fleisch kann ein instinktiver Versuch des Kindes sein, die Verbindung des Geistig-Seelischen mit dem Leib zu festigen.

– Die Gier nach Zucker kann pathologische Ausmaße annehmen, wenn der durch den Zuckergenuß von außen herbeigeführte Impuls zu «natürlicher Egoität» (R. Steiner) therapeutisch nicht aufgegriffen und in Eigenaktivität umgewandelt wird. Der Zucker soll dann diese Aktivität ersetzen, und ein einer Sucht ähnliches Verhalten entsteht.

– Durch die schon angedeutete Störung im Bereich des Lebenssinnes überschwemmen organische Prozesse den Kopfpol, dämpfen ihn ab und führen das Kind in ein triebhaftes Verhalten, da das Bewußtsein, das Ich, seinen korrigierenden Einfluß auf den zu selbständig gewordenen Astralleib als Träger der Begierden und Leidenschaften und den im Aufbau überhandnehmenden Ätherleib nicht mehr ausüben kann. Hier ist das von außen wirkende Ich des Erwachsenen, im Sinne des pädagogischen Gesetzes, durch die konsequente Erziehung besonders gefordert.

Therapeutische Gesichtspunkte

– Es gilt, den unteren Menschen in seine Grenzen zu weisen, um den Kopfbereich – das Bewußtsein – zur Entwicklung kommen zu lassen. Dies geschieht durch einen streng eingehaltenen Nahrungsrhythmus und die Unterbindung des ständigen Zwischendurchessens. Dafür aber muß ein Ausgleich geschaffen werden, der den mittleren und oberen Menschen kräftigt. In erster Linie geht es sowohl um künstlerisch-therapeutische Maßnahmen als auch um die Anwendung von Sprache (Sprachspiele, Chirophonetik, Eurythmie) und Musik. Diese Elemente wirken besonders intensiv auf den zu stark in den Vordergrund tretenden Astralleib.

– Immer muß bei unmäßigem Eßverhalten das Kind lernen, sein Interesse auf die Dinge und Menschen der Umwelt zu richten, um die leibbezogene Triebhaftigkeit allmählich in eine Wahrnehmung auch für das Seelische um sich herum zu verwandeln.

– Ernährungsmäßig ist auf das zu achten, was den Kopfbereich stärkt. Dazu gehört das Mineralische, insbesondere – natürlich sinnvoll dosiert – das Salz und alles, was mit dem Wurzelanteil der Pflanze zu tun hat.

– Abschließend kann gesagt werden, daß der Säugling oder das kleine Kind nur dann in der richtigen Weise die Nahrung zu sich nehmen und verarbeiten kann, wenn die Geborgenheit und Zuwendung der Mutter, des Vaters oder der Erzieher die erforderliche entspannte Atmosphäre schafft.

Ist das Kind schon so groß, daß es bei den Eltern mit am Tisch sitzen kann, sollten dem Kind die Tischsitten so viel wie möglich über das Vorbild beigebracht werden und nicht durch ständiges verbales Korrigieren, wodurch Proteste in Form von Eßverweigerung oder Tics entstehen können.

Bei Eßproblemen hat es sich als hilfreich erwiesen, wenn der Heilpädagoge beim Kind zu Hause für eine Zeit an den Mahlzeiten teilnehmen kann, um aus der Praxis heraus die für das Kind bestmögliche Umgangsform gemeinsam mit den Eltern zu erarbeiten.

Abschließend zu diesem Thema möchte ich noch auf das Buch *Die stille Sehnsucht nach Heimkehr – Zum menschenkundlichen Verständnis der Pubertätsmagersucht* von Henning Köhler mit einer Einführung von Dr. Johannes Bockemühl hinweisen. Darin werden Eßstörungen menschenkundlich auf anthroposophischer Grundlage ausführlich untersucht und erörtert.[42]

Chirophonetik

Die Chirophonetik wurde zu Beginn der siebziger Jahre von Dr. Alfred Baur, einem Sprachheilpädagogen aus Linz, auf der Grundlage der anthroposophischen Menschenkunde ursprünglich als Sprachanbahnungstherapie entwikkelt. Es stellte sich jedoch bald heraus, daß durch die chirophonetische Behandlung aufgrund der Lautwirksamkeit auch auf das Verhalten des Kindes eingewirkt werden kann. Dadurch wurde die Chirophonetik zunehmend in die heilpädagogische Arbeit einbezogen.

Der Begriff Chirophonetik sagt aus, daß hierbei mit der Hand (griech. cheir) und dem Laut (griech. phone) gearbeitet wird.

Die Idee der Chirophonetik beruht darauf, daß jeder gesprochene Laut eine eigene charakteristische Luftgestalt besitzt. Diese Luftgestalt entsteht während der Artikulation, und zwar durch die plastizierende Tätigkeit der Sprachorgane. Von jedem Laut kann die Luftströmungsgestalt zur Darstellung gebracht werden. Die Luftströmungsformen der einzelnen Laute können auf den ganzen Menschen übertragen werden, indem berücksichtigt wird, in welchem Verhältnis der Sprachorganismus zur Gesamtgestalt des Menschen steht. Dem liegt der Metamorphosengedanke Goethes zugrunde, der besagt, daß alle Teile einer Pflanze auf *ein* Bildungsprinzip zurückzuführen sind, nämlich auf das des Blattes. Goethe sprach von der Urpflanze, deren Idee die Urblattform ist, welche alle möglichen Erscheinungsformen der Pflanzenwelt urbildlich in sich trägt. Er bildete diesen Gedanken soweit aus, daß er schließlich sagen konnte: «Dasselbe Gesetz wird sich auf alles Lebendige anwenden lassen.»

R. Steiner hat Goethes Metamorphosenlehre durch die Erkenntnis der Dreigliederung des Menschen fortgeführt und zur Anschauung gebracht. In bezug auf den Sprachmenschen bedeutet das: «Wenn man den Gedanken der Metamorphose fortsetzt, dann kann man für jedes Glied des Sprachorganismus ein entsprechendes im Gesamtorganismus finden. Diese Entsprechungen sind die Grundlage der Chirophonetik. Jeder Artikulationszone ist eine Körperregion zugeordnet, wohin der Massagestrich zu führen ist» (A. Baur).[43]

Eine ausführliche Darstellung der Metamorphose des Sprachorganismus ist im Rahmen dieser Arbeit nicht möglich. Ich möchte jedoch die Beziehungen der Artikulationszonen zum Gesamtorganismus an zwei Beispielen verdeutlichen:

Im Bereich des weichen Gaumens werden Laute gebildet, die nach der anthroposophischen Lautwesenskunde Willenscharakter haben; hier kann der Willensbereich des Artikulationsraumes gefunden werden. «Im Gaumengewölbe sind deutlich harte und weiche Teile zu unterscheiden. Wir können darin Metamorphosen der beiden Rumpfabschnitte (Rippenbrust und Bauch) unterscheiden. In den Querrillen des harten Gaumens ist – wie ein Nachbild – eine Art Rippenbildung zu erkennen.»[44]

Im Gesamtorganismus haben wir, wie oben schon angesprochen wurde, das Stoffwechsel-Gliedmaßen-System als die Region, in welcher der Wille sein Zentrum hat.

Chirophonetisch wird das «G» in dieser Region, im Bereich des Kreuzbeins, durchgeführt, wobei mit den Händen für kurze Zeit leichter Druck ausgeübt wird, so wie auch im Mundraum bei der Artikulation des «G» von der Hinterzunge am hinteren Teil des Gaumens Druck ausgeübt wird, der die Luft entsprechend gestaltet. Beim Lösen des Drucks mit den Händen wird dann «G» gesprochen.

Ein weiteres anschauliches Beispiel ist das «L». Es wird artikuliert, indem

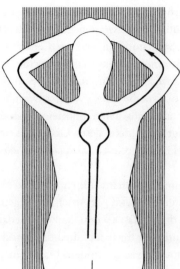

*So wird das «L»
auf das Kind übertragen.*

die Zunge an einem Punkt des Alveolarrandes Druck ausübt. Die Luft umströmt die Zunge und entweicht dem Mund. Im Gegensatz zum «G» muß das «L» im oberen Bereich des Rückens gestrichen werden, weil auch der Artikulationsort im vorderen Bereich des Mundes liegt. Die Hände vollziehen die Luftströmungsform so nach, daß sie den metamorphosierten Druckpunkt – er liegt zwischen den Schulterblättern – umfahren.

Das Kind nimmt während der chirophonetischen Behandlung den Lautentstehungsprozeß über den Tastsinn wahr, wenn die Form auf den zuvor eingeölten Rücken gestrichen wird, und es hört gleichzeitig den Laut, den der Therapeut während des Streichens spricht. Es wird der ganze Mensch zum Empfangsorgan für die Sprache, wobei der Hörraum sensibilisiert, das heißt der Seele geöffnet wird. Durch dieses intensive Lauterleben wird, wie sich gezeigt hat, beim Kind der Wille zur Nachahmung der Sprache angeregt. Dieser Impuls kann nun aufgegriffen und durch therapeutische Maßnahmen, die eine Aktivität vom Kind verlangen, erweitert werden.

– Die Lautformen, an den entsprechenden Körperregionen exakt ausgeführt, tragen strukturierende Kräfte in sich, die die Wahrnehmung der Sprache über den *Tastsinn* anregen. Die Ärztin Christhilde Blume schreibt in diesem Zusammenhang: «Die Therapie der Chirophonetik, als Laute auf das Sinnesorgan Haut gestrichen, vermittelt über den Tastsinn ein Ich-Erlebnis. Das Ich, lebend in der Blutwärme, regt den Willensstrom an. So kann die Chirophonetik über das Tor des ruhenden physischen Leibes durch das Ich die Willensprozesse im unteren Menschen zur Tätigkeit entfalten. Der Mensch ‹öffnet› sich, und die anderen Wesensglieder haben die Möglichkeit einzugreifen, um eine volle Funktionstüchtigkeit zu erreichen.»[45]

– Die gesteigerte Eigenwahrnehmung, die so erreicht wurde, wirkt sich durch eine regelmäßige Wiederholung der Therapie, die als angenehm und wohltuend erlebt wird, auf den *Lebenssinn* aus. Dem schwerbehinderten Kind kann so sein Leib «nähergebracht» werden, Mißbehagen und Unruhezustände werden weniger. Je nach der Erkrankung des Kindes kann anregend oder beruhigend gearbeitet werden.

– Das Arbeiten an den Gliedmaßen führt über die von außen angeregte gesteigerte Wahrnehmung der Arme und Beine zu ihrem bewußteren Erleben und Ergreifen – die Entwicklung des *Eigenbewegungssinnes* kann somit schon im frühesten Alter unterstützt werden.

– Normalerweise werden die Lautformen chirophonetisch an der rechten und linken Körperseite gestrichen. Wenn man aber Laute als therapeutische Sonderformen erst auf der einen Körperhälfte und dann auf der anderen streicht, erlebt der Patient das Ungleichgewicht erst auf der einen und anschließend auf der anderen Körperhälfte. Zum Beispiel wird bei der vorhin gezeigten «L»-Form zunächst der Strich nur auf der linken Seite ausgeführt, dann auf der rechten und schließlich wieder normal auf beiden Seiten, wodurch das Gleichgewicht hergestellt wird. Dadurch entsteht ein Bewußtsein der verschiedenen Körperhälften. Zuletzt wird durch einen Strich auf der Wirbelsäule – das chirophonetische «I» – die Mitte betont. Diese Sonderform hat sich sowohl bei Dominanzstörungen als auch bei Unsicherheiten im *Gleichgewicht* als unterstützende Maßnahme erfolgreich erwiesen.

Damit wird von der Chirophonetik der ganze untere Sinnesmensch erreicht.

Neben den Lautformen wurden für die verschiedenen Rhythmen Formen entwickelt, die das therapeutische Anwendungsfeld erweitern. Es werden steigende und fallende Rhythmen am Rücken, an den Armen oder Beinen gestrichen. Hierdurch kann auf den mittleren Bereich des Menschen kräftigend und harmonisierend eingewirkt werden.

Auch Märchentexte können rhythmisch auf den Rücken gestrichen werden, was eine entspannende Wirkung hat und worauf sich viele Kinder besonders freuen.

Wie bei der Heileurythmie ist es auch bei der Chirophonetik erforderlich, mit einem Arzt zusammenzuarbeiten. In der Praxis hat sich eine abwechselnde Behandlung durch Heileurythmie und Chirophonetik in mehrwöchigen Epochen bewährt.

Der eurythmisierende Mensch *spricht* mit seinem ganzen Leib. Er bringt in seinen Bewegungen die geistige Wesenhaftigkeit der Laute, Töne und Rhythmen zum Ausdruck. Das wirkt gesundend und harmonisierend auf den ganzen Menschen.

Bei der Chirophonetik wird der Mensch mit seinem ganzen Leib *hörend*. Die äußere Bewegung tritt zurück, und er kann sich den an ihn herangebrachten Eindrücken von Sprache und Rhythmen ganz hingeben. Er ist aber nur scheinbar passiv, denn in ihm wird der Impuls zur Aktivität, zur Eigeninitiative geweckt.

Die Chirophonetik hat sich mir in der Arbeit mit seelenpflegebedürftigen Kleinkindern als sehr hilfreich erwiesen, zumal Eltern nach entsprechender Anleitung mit ihrem Kind auch zu Hause chirophonetisch arbeiten können.

Eine ausführliche Darstellung der Chirophonetik findet man in dem Buch von Dr. A. Baur *Lautlehre und Logoswirken. Grundlagen der Chirophonetik*.[44]

Aus der Praxis – Heilpädagogische Arbeit mit kleinen Kindern

Markus

Die erste Stunde mit Markus

Schreiend und weinend kam Markus*, 2,7 Jahre alt, mit seiner Mutter zur ersten Stunde in die Praxis. Er hielt ein Tuch in der Hand und versteckte sich, sowie er sich im Zimmer orientiert hatte, hinter einem Regal. Dort saß er weinend und war nicht dazu zu bewegen, wieder hervorzukommen. Seine Mutter und ich unterhielten uns über belanglose Dinge so, als sei es das Selbstverständlichste auf der Welt, gerade hier zu sein. Nachdem Markus sich etwas beruhigt hatte, spielte ich, ohne ihm näher zu kommen, einige ruhige Melodien auf der Kantele – einem pentatonisch gestimmten Saiteninstrument. Schließlich war er still und nur noch mit seinem Tuch beschäftigt. Nach einer Pause wiederholte ich die Melodien, um eine ruhige und harmonische Atmosphäre im Raum zu schaffen. So ging unsere erste Stunde zu Ende.

Vorgeschichte

Ohne besondere Vorkommnisse während der Schwangerschaft wurde Markus durch einen Kaiserschnitt zur Welt gebracht, nachdem der Geburtsvorgang zum Stillstand gekommen war und das CTG (ein Gerät, das die Herztöne des Kindes hörbar macht) eine dramatische Verschlechterung der Herztöne signalisiert hatte. Die Untersuchungen im Laufe der ersten Lebensmonate ergaben keine Hinweise auf eine Schädigung. Im Alter von acht Monaten wurden die Eltern jedoch besorgt, da Markus keinerlei Kontakt zu ihnen aufnahm und die Bewegungsentwicklung nur auffallend langsam

---

* Die Namen wurden geändert

voranging. Aufgrund dieser Auffälligkeiten erfolgte eine Überweisung zu einem Facharzt für Neurologie. Im Verlaufe der Untersuchung fiel zum erstenmal das Wort «autistisch», und den Eltern wurde eine recht hoffnungslose Prognose für die weitere Entwicklung ihres Sohnes mit auf den Weg gegeben.

Die folgenden Monate waren von mehrfach sich wiederholenden Mittelohrentzündungen geprägt. Die krankheitsfreien Phasen wurden für eine krankengymnastische Behandlung genützt, die von ärztlicher Seite aus empfohlen worden war.

Mit 18 Monaten ging Markus die ersten Schritte allein, jedoch hat man bis heute (zur Zeit der Vorstellung) den Eindruck, als wenn er seine Beine nur wie träumerisch benützte, auch ist eine Unsicherheit im Gleichgewicht festzustellen. Mit dem Gehenlernen kam einmal das Wort «Mama» und drei Monate später «Papa», jedoch verloren sich diese beiden Wörter wieder, und Markus machte sich nur durch unartikulierte Laute bemerkbar.

Die Mutter schildert, daß Markus vor ungewohnten Geräuschen und fremden Menschen, Raumveränderungen und Dunkelheit Angst hat und daß er auf ein Übermaß an Sinneseindrücken, zum Beispiel in einem Kaufhaus, panisch reagiert.

Auffällig ist Markus' Beziehung zur dinglichen Umwelt. Er verwendet die Dinge nicht sinngemäß, sondern nur dazu, um mit ihnen Geräusche zu fabrizieren oder um mit einzelnen Gegenständen stereotyp zu hantieren. Unterbricht man ihn in dieser Tätigkeit, so sind heftiges Schreien und Weinen die Folge. In jedem unbewachten Moment versucht Markus, am Lichtschalter zu knipsen oder blitzschnell einen Wasserhahn aufzudrehen.

Diese Fixationen wirken sich auf die Familie belastend aus, zumal inzwischen ein kleiner Bruder dazugekommen ist.

Als positiv stellt die Mutter die inzwischen veränderte Beziehung zwischen Markus, sich und ihrem Mann dar. Die Eltern fühlen sich nicht mehr nur von ihm akzeptiert, sondern auch geliebt.

Es ist eine emotionale Beziehung entstanden, die fast schon wieder ins andere Extrem umzuschlagen droht, da Markus sich ständig der Gegenwart seiner Mutter vergewissert und nicht mehr ohne sie allein in seinem Zimmer schlafen möchte.

Die Eltern erhoffen sich durch eine heilpädagogische Behandlung eine Besserung in Markus' fixiertem Verhalten sowie eine Anbahnung der Sprache.

Erscheinungsbild

Markus ist für sein Alter im Längenwachstum etwas zurückgeblieben. In seiner Gesamtgestalt wirkt er gedrungen und kompakt. Es ist bei ihm eine Tendenz zur Großköpfigkeit vorhanden; die dunkelblonden Haare umrahmen sein etwas aufgedunsenes blasses Gesicht. Der unruhige Blick huscht von einem Ding zum anderen, auffallend ist der immer offenstehende Mund. Die Hände wirken undurchdrungen. Das wohlgenährte Bäuchlein schiebt sich über den Hosenbund, die Beine sind im Verhältnis zur Gesamtgestalt zu kurz, besonders fallen die kleinen Füße auf, die, wie die Hände, noch babyhaft wirken.

Markus' Bewegungen wirken eckig, fahrig, nicht geführt. Seine sprachlichen Äußerungen sind auf nicht artikulierte Töne begrenzt.

Menschenkundliche Gesichtspunkte

Das Verhalten von Markus weist autistische Züge auf, und dennoch ist eine nicht nur zweckgebundene, sondern durchseelte Beziehung zu den Eltern festzustellen. Diese Tatsache allein zeigt schon, daß die heilpädagogische Diagnose sich nicht mit dem Begriff Autismus zufrieden geben darf, vielmehr muß auf Markus' individuelle Situation geschaut werden – wie überhaupt jedes Kind immer wieder ganz neu danach verlangt, daß seine nur ihm eigene Wesensart verstanden wird und, soweit möglich, die Ursachen für ein pathologisches Verhalten erkannt werden. *Den* Autismus kann es gar nicht geben; man findet nur häufig Parallelen im Verhalten dieser Kinder, die aber dennoch nach einem individuellen therapeutischen Vorgehen verlangen. Daher gibt es auch nicht *die* Therapie, sondern in den meisten Fällen ist ein Ineinandergreifen verschiedener Therapiemöglichkeiten erforderlich.

Die Schilderungen der Mutter und Markus' Verhalten in meiner Gegenwart zeigen eine Störung der Verarbeitung von Wahrnehmungen auf den Ebenen von Bewegung, Sprache und Weltverständnis.

Markus versucht seine Ängste zu kompensieren, indem er die fehlende innere Sicherheit dadurch ersetzt, daß er sich äußere Sicherheiten in Form von Fixationen verschafft. Das ungenügende Leibes- und Selbsterleben zwingt Markus dazu, sich in der Umwelt Situationen zu schaffen, die immer gleich sind, an denen er sich orientieren kann.

Es findet eine umgestülpte Wahrnehmung der eigenen Existenz statt. Das Erleben geht nicht, wie sonst zwischen dem zweiten und dritten Lebensjahr, vom Ich aus in die Welt, sondern kann nur von der Peripherie aus künstlich hergestellt werden.

Markus' Ängste entstehen vor dem, was er nicht fassen, begreifen kann. Für ihn ist die Welt ein großes Rätsel, er versteht sie nicht, er kann die Brücke zur Welt durch den Begriff nicht herstellen. Die Distanz zur Umwelt fehlt ihm, er wird von einem Eindruck zum anderen gezogen.

Die babyhaft entwickelten Hände und Füße weisen besonders deutlich darauf hin, daß der Individualisierungsprozeß bei der Umgestaltung des Erbkörpers in den eigenen, dem Ich angemessenen Leib bisher zu schwach vor sich gegangen ist.

Dieses Unvermögen, richtig in die Leiblichkeit eingreifen zu können, zeigt sich auch in dem offenstehenden Mund, von dem R. Steiner im *Heilpädagogischen Kurs* sinngemäß sagt, daß dies ein Zeichen dafür sei, wie der obere Mensch den unteren Menschen nicht vollkommen beherrsche.

Außerdem muß bei Markus davon ausgegangen werden, daß der mittlere, rhythmische Bereich nicht genügend zwischen dem Stoffwechsel-Gliedmaßen-Pol und dem Nerven-Sinnes-Pol vermitteln kann; es fehlt die verständnisvolle, gemüthafte Beziehung zur Umwelt.

Ein leichter Hörschaden, der durch die wiederholt auftretenden Mittelohrentzündungen entstanden ist, muß bei der Behandlung berücksichtigt werden.

Zur Heilpädagogik

Daraus ergeben sich für die heilpädagogische Arbeit mit Markus folgende Richtlinien:

– Die Schulung der unteren Sinne soll das Nerven-Sinnes-System zum allmählichen Aufwachen bringen und damit die Diskriminationsentwicklung («Hier bin ich – da ist die Welt») fördern.

– Rhythmische Übungen sollen den mittleren Bereich kräftigen, um Markus zu einer Verbindung des oberen mit dem unteren Sinnesfeld zu verhelfen. Erst nach dem Erwachen des oberen Sinnesbereiches kann die Sprachanbahnung begonnen werden.

– Durch musikalische Übungen, die hinter Markus durchgeführt werden, wird versucht, den Hörraum zu öffnen und die bei ihm zu beobachtende visuelle Dominanz in den Hintergrund treten zu lassen.

– Eine chirophonetische Behandlung ist auf den Nachahmungswillen, das Bewußtmachen des Leibes und auf die Verstärkung der Sprachwahrnehmung ausgerichtet.

– Die Mutter wird in die heilpädagogischen Bemühungen mit einbezogen, um das in der Praxis Erübte zu Hause fortzusetzen.

– Ein Hausbesuch soll zur Gestaltung der Umwelt Anregungen geben.

Weitere heilpädagogische Übungsstunden mit Markus

Drei Tage nach unserer ersten Begegnung hatten wir die nächste Stunde, und wieder verschwand Markus sofort hinter dem Regal, hörte aber im Gegensatz zur ersten Stunde bald auf zu weinen.

Auch diesmal unterhielten die Mutter und ich uns zu Beginn der Stunde ein wenig. – Markus hatte ich in unserer kleinen Runde in Gedanken mit dabei. Plötzlich warf er sein Tuch hinter dem Regal hervor, und meine spontane Reaktion darauf war die, ihm das Tuch sofort in sein Versteck zurückzuwerfen. Prompt wiederholte sich die Handlung, und so ging das Spiel mehrere Male zwischen uns hin und her. Das erste Eis war gebrochen.

Die dritte Stunde begann wie die vorigen; als Markus jedoch das Tuchspiel wieder eröffnete, verblüffte ich ihn damit, daß ich schnell fünf Knoten in das Tuch band, so daß Kopf, Arme und Beine angedeutet waren. Als er mir die «Puppe» zuwarf, wagte ich mich mit ihr an das Regal heran und rief seinen Namen so, daß er dabei nur die Puppe sehen konnte. Langsam wagte er sich aus seinem Versteck heraus und flüchtete sich auf den Schoß seiner Mutter. Die folgenden Stunden variierte ich das Puppenthema, indem ich verschiedene Kasperfiguren zu ihm singen und sprechen ließ. Dabei saß ich hinter ihm, so daß er nur die Puppe, aber noch nicht die unmittelbare Begegnung mit mir aushalten mußte.

Wieder vergingen einige Stunden, bis Markus, noch immer auf dem Schoß seiner Mutter sitzend, die erste direkte Begegnung mit mir tolerierte. Jetzt hatte ich die Möglichkeit, unmittelbaren Kontakt mit ihm aufzunehmen, wenn ich ihm Lieder vorsang, die von einfachen Bewegungen begleitet wurden.

Mit der Zeit fühlte sich Markus in den Praxisräumen immer sicherer. Damit überwand er auch die Hemmschwelle, die ihn bisher davon abgehalten hatte, seinen Fixationen nachzugehen. Er versuchte nun ständig, vom Schoß seiner Mutter herabzuklettern, um dann zur Türklinke zu rennen.

Hatte er sie erreicht, ließ er sie mit lautem Geräusch ständig schnappen. Ich bekam Markus nur von der Tür weg, wenn ich ihn wieder zu seiner Mutter zurücktrug. Eine einfache Lösung beendete schließlich diese störenden Unterbrechungen: Wir hängten über die Türklinke eine Jacke oder Decke. Jetzt war sie nicht mehr sichtbar und damit für Markus uninteressant geworden.

Die Stunden hatten lange Zeit immer dieselbe Gliederung.

Im ersten Teil standen rhythmische Lieder, Verse und Bewegungsspiele im Vordergrund, wobei die Mutter seine Bewegungen führte, was ihm offensichtlich gut gefiel. Nach etwa drei Monaten hatte Markus nichts mehr dagegen, wenn ich seine Bewegungen führte. Dazu saß er auf einem Kinderstuhl, und ich kniete vor ihm, wobei ich zu Versen seine Beine stampfend bewegte. Anschließend wiederholten wir dieselbe Übung im Stehen, und eines Tages war es soweit, daß Markus, wenn auch staksig und mit durchgedrückten Knien, mitstampfte.

Dann folgten Bewegungen mit den Armen und schließlich Fingerspiele.

Nach einer Pause setzte ich mich hinter ihn, und er saß so auf dem Schoß seiner Mutter, später auch neben ihr, daß er von ablenkenden Reizen weitgehend abgeschirmt war. Dieser Übergang vom Sehraum in den Hörraum sollte sein Bewußtsein mehr auf die Melodie lenken, während nun die Bewegung ruhte.

Zum Schluß der Stunde spielte Markus mit mir, wobei ihm über lange Zeit immer wieder dieselben einfachsten Dinge vorgespielt wurden, zum Beispiel Bauklötze aufeinandersetzen, und ich sang ein kleines, damit zusammenhängendes Lied dazu.

Zwischendurch waren immer wieder Pausen einzulegen, in denen er sich mit seiner Puppe in der Hand zurückziehen durfte. Anfangs war ich schon froh, wenn er nur wenige Minuten die Übungen aufmerksam verfolgte.

Als Markus soweit war, daß er meine Berührung annehmen konnte, war es auch möglich, daß ich chirophonetisch mit ihm arbeitete. Die Mutter hatte schon vorbereitend zu Hause damit begonnen, immer wieder seinen Rücken einzuölen, so daß ihm diese Prozedur in meiner Praxis nicht mehr ganz fremd war.

Allmählich konnten wir unser Übungsfeld vergrößern. Es machte ihm Freude, ohne Schuhe über eine lange Kordel zu balancieren, wenn er einen Finger meiner Hand halten durfte. Die Kordel lag gerade oder wie eine Schlange; mit der Zeit ließ ich sie zur Spirale werden, und Markus hatte den Weg von außen nach innen zu gehen. Später vermochte er auch über den Schwebebalken zu gehen, seine Ängste vor dem Fallen wurden geringer, der eine Finger meiner Hand war schließlich auch nicht mehr als Stütze nötig.

Nach etwa einem Jahr war der Zeitpunkt gekommen, mit ihm mehr und mehr Spielzeug zu erforschen. Bisher hatte er es meist nur weggeworfen oder zweckentfremdet benützt, inzwischen legte er auch einen Bauklotz auf den Turm dazu oder akzeptierte das Holzmännchen als Figur, die einen Sinn hat und nicht nur in den Mund gesteckt oder weggeworfen werden will.

Die Mutter berichtete von zu Hause über seinen wachsenden realistischen Bezug zu den Dingen. Markus begann allmählich dieses und jenes zu verstehen, das stereotype Hantieren wurde weniger.

Nach 15 Monaten fiel es auf, daß Markus nachsprechen wollte. Anfangs waren es ein- oder zweisilbige Substantive, die er nachzusprechen versuchte, jedoch gelangen ihm nur die Vokale und die Konsonanten M und P. Markus konnte verzweifeln, wenn er merkte, daß ihm das Sprechen nicht so gelang, wie er wollte. Dann schrie er und war nur schwer zu beruhigen.

Heute, zwei Jahre nach Behandlungsbeginn, hat Markus weitere Konsonanten dazugelernt – er benützt inzwischen auch Wörter wie «essen», «trinken», «heimgehen» –, jedoch ist es für einen Außenstehenden schwer, ihn zu verstehen.

Dank der engen Zusammenarbeit mit der Mutter und dem Vater, die zu Hause die in den Stunden veranlagten Übungen fortsetzten, konnte Markus Fortschritte machen, die uns dazu ermutigten, die Arbeit in dieser Art fortzusetzen.

Früherkennung autistischer Kinder und praktische Folgerungen

Im folgenden soll stichwortartig auf Symptome aufmerksam gemacht werden, die Kinder mit autistischen Zügen schon im frühen Lebensalter (0 – 3 Jahre) zeigen, sowie auf daraus entstehende praktische Folgerungen für Eltern und Heilpädagogen.

Bei der Beschreibung von Markus wurde deutlich, daß die autistischen Symptome ein Versuch sind, die schwer gestörte Wahrnehmung und die daraus resultierende Isolation auszugleichen, die eine Kommunikation mit den Mitmenschen und der Umwelt nicht oder nur mangelhaft zuläßt.

– Eine Störung der Beziehung zwischen Mutter und Kind wird manchmal schon während der Schwangerschaft beschrieben.

– Es kann bald nach der Geburt eine Kontaktstörung festgestellt werden. Eine Mutter beschreibt ihr Gefühl im Zusammensein mit ihrem Kind: «Es ist, als wäre ich für ihn Luft.» Der Blick des Kindes wird «wie durch einen hindurchschauend» erlebt.

– Die ersten Lebensmonate sind häufig von Bewegungspassivität oder Phasen extremer Unruhezustände geprägt.

– Das Kind verweigert Berührungen, es macht sich steif und weint, wenn man es auf den Arm nehmen will.

– Die Mimik wirkt starr, ausdruckslos.

– Angebotenes Spielzeug, das an der Wiege oder am Kinderwagen befestigt ist, wird nicht angenommen.

– Das Kind zeigt Ängste bei Lageveränderungen und bei bestimmten Geräuschen.

– Der Schlaf-Wach-Rhythmus ist gestört.

– Nach dem Abstillen treten oft Eßprobleme auf, das Kind will keine feste Nahrung kauen.

– Das Kind vermeidet es, Gegenstände zu berühren, oder es berührt nur ganz bestimmte Dinge.

– Die Mutter berichtet, daß das Kind ihren Arm führt und wie ein Werkzeug benützt, wenn es etwas will. Dabei ist nicht die Mutter im Bewußtsein des Kindes, sondern ihr Arm, der das Gewünschte bringt.

– Die sprachliche Entwicklung bleibt lange Zeit aus, sie kann nicht als Ausdruck der Beziehung von Mensch zu Mensch angewendet werden. Dabei sind viele Abstufungen der Störungsintensität zu beobachten. Eine Besonderheit bilden Echolalien, das heißt, das Kind spricht nach, ohne den gedanklichen Inhalt zu verstehen.

Über die Diagnose des Autismus bemerkt H. Müller-Wiedemann, «daß einzelne Symptome in der frühkindlichen Entwicklung vor dem 3. Lebensjahr keine primäre Aussagekraft für das eventuelle Vorliegen eines frühkindlichen autistischen Syndroms haben und daß deshalb zur Diagnose und den notwendigen therapeutischen Maßnahmen mehrere Untersuchungen, möglichst auch längerdauernde Beobachtungen und wiederholentliche Gespräche mit den Eltern über einen längeren Zeitraum notwendig sind».[46]

– Die Eltern eines Kindes mit autistischen Zügen sollten sich so früh wie möglich an einen erfahrenen Arzt oder Heilpädagogen wenden, der ihnen mit Rat und Tat über Jahre hinweg zur Seite steht.

– Neben den Ratschlägen für den täglichen übenden Umgang mit dem Kind steht vor allem im Vordergrund, sich im gemeinsamen Gespräch menschenkundliche Vorstellungen über die Verhaltensstörungen und rätselhaften Phänomene, die das Kind aufzeigt, zu bilden.

Wenn die Eltern versuchen, die Individualität ihres Kindes zu erkennen, die zum größten Teil hinter den Symptomen verdeckt liegt, so ist diese innere Haltung für das Kind von größter Bedeutung. Es fühlt sich in seinem Wesen angenommen, was für jede weitere therapeutische Bemühung die beste Grundlage abgibt.

Diese Gespräche sollen auch einem Verhalten vorbeugen, bei dem die Eltern nur noch in der Rolle der Re-agierenden stehen und damit an den Rand der Verzweiflung geraten können. Das Auflösen festgefahrener, fixierter Verhaltensweisen muß erlernt und mit dem Heilpädagogen erübt werden.

– Es hat sich als gut erwiesen, wenn Eltern sich einer Elterngruppe anschließen, die sich regelmäßig zum Erfahrungsaustausch trifft. Auch Fachtherapeuten können zu solchen Treffen herangezogen werden.

– Wichtig ist die gute Zusammenarbeit von Arzt, Heilpädagogen und anderen Therapeuten, damit das Behandlungskonzept miteinander abgestimmt werden kann.

– Es muß immer nach individuell ausgerichteten Möglichkeiten gesucht werden, dem Kind die Erfahrung der eigenen Leiblichkeit und damit Selbstwahrnehmung zu vermitteln. Dazu gehört auch das Streicheln und Massieren des ganzen Körpers einschließlich jedes einzelnen Fingers und der Zehen. Das Arbeiten mit verschiedenen Ölen zur Anregung, Durchwärmung oder Beruhigung hat sich, nach Absprache mit einem Arzt, als hilfreich erwiesen. Durch die Anwendung duftender Öle kann über den Geruchssinn ein Wohlgefühl erzeugt werden, das seinen positiven Einfluß bis in den Lebenssinn hinein erstreckt.

– Die Unfähigkeit des Kindes, direkten Kontakt aufzunehmen, muß geduldig akzeptiert werden. Darum ist es von Vorteil, anfangs viel hinter dem Kind zu arbeiten und ganz allmählich über die Seite nach vorne zu kommen, bis das Kind die direkte Gegenüberstellung zuläßt.

Das Kind mit autistischen Zügen ist den visuellen Reizen ausgeliefert; es ist wie in den Sehraum hineingebannt. Dagegen ist der Hörraum, der mit dem hinteren Bereich des Menschen zusammenhängt, seelisch wie taub, auch wenn organisch kein Befund vorliegt.

Darum hat sich die Arbeit mit Sprache und Musik hinter dem Kind als wichtige therapeutische Maßnahme erwiesen. Es kommt aber darauf an, daß Sprache und Musik «durchseelt» an das Kind herankommen, das heißt, technische Geräte, die auf die Kinder eine pathologische Faszination ausüben und für sie den Kontakt zum Mitmenschen ersetzen, gehören aus der Umgebung des Kindes entfernt – nicht nur während der Therapie, sondern auch im Alltag.

Die Öffnung des Hörraumes schließt ein Tor zur Seele des Kindes auf und sensibilisiert die Wahrnehmung für den anderen Menschen. Den Hörraum-Begriff und die Hörraum-Therapie in der Heilpädagogik erschließt Susanne Müller-Wiedemann in einem Aufsatz.[47]

– Der Aufbau einer heilpädagogischen Übungsstunde verlangt nach einer Gliederung, die in ihren Grundzügen für das Kind wiedererkennbar sein muß. Schon im Stundenaufbau kann Rhythmus vermittelt werden; eine Variation der Grundthemen gewährleistet die erforderliche Lebendigkeit. Dabei ist darauf zu achten, daß die Stunde nicht mit therapeutischen Angeboten überladen wird. Wenige einfache Übungen werden vom Kind gründlicher verarbeitet als eine Fülle von Eindrücken, auch wenn sie noch so gut gemeint sind. Man muß sich darin schulen, das eigene Sprechen und Denken dem Auffassungsvermögen des Kindes anzupassen.

Selbstverständlich redet man in einer normalen Umgangssprache mit dem Kind, aber ruhig und mit Wiederholungen.

Der Raum, worin mit dem Kind gearbeitet wird, sollte dem Hüllenbedürfnis des Kindes entgegenkommen, also nicht zu groß sein. Von Vorteil sind Vorhänge, die bei Bedarf zugezogen werden und ein mildes, abgedämpftes Licht geben, so daß die visuellen Reize gemildert werden.

Stefan

Stefan war zu der Zeit, als seine Eltern durch ihre Ärztin auf die Möglichkeit der Frühförderung aufmerksam gemacht wurden, 23 Monate alt. Aufgrund einer schweren Bewegungsbehinderung und der daraus entstehenden Transportprobleme wurde vereinbart, daß die heilpädagogische Behandlung bei Stefan zu Hause durchgeführt werden sollte.

Vorgeschichte

Stefan mußte im 7. Schwangerschaftsmonat zur Welt gebracht werden, da die Fruchtblase gesprungen war. Zwischen dem Fruchtblasensprung und dem Kaiserschnitt lagen mehrere Tage.

Nachdem bei Stefan eine perinatale Hirnschädigung mit zerebraler Bewegungsstörung diagnostiziert worden war, bekam er dreimal wöchentlich Vojta-Gymnastik. Mit nun knapp zwei Jahren sollte Stefans Sprach- und Bewegungsentwicklung durch heilpädagogische Maßnahmen gefördert werden.

Erscheinungsbild

Bei meinem ersten Hausbesuch saß Stefan auf dem Schoß seiner Mutter, Rücken und Kopf an sie gelehnt. Der Kopf erschien auffallend schmal und in die Höhe gezogen, der Blick wirkte traurig und wach, das blasse Gesicht hob sich kraß von den schwarzen Haaren ab. Arme und Beine wirkten lang und dünn, wie auch der Leib einen gestreckten und mageren Eindruck machte. Die zartgliedrigen Finger hielten ein Spielzeug fest. Bewegte Stefan seine Arme, so war der Kopf in die Bewegung mit einbezogen. Man konnte Koordinationsstörungen der Bewegungsabläufe im Sinne einer Ataxie feststellen. Sprachlich beherrschte Stefan «Mama» und verschiedene Einzellaute, die er aber noch nicht zum Wort verbinden konnte. Die Eltern sagten, daß Stefan jedoch alles verstehe.

Menschenkundliche Gesichtspunkte

In dem Kapitel über die Bewegungsentwicklung wurde beschrieben, wie das Kind, vom Kopf ausgehend, allmählich die Bewegungskontrolle über die Arme und Beine gewinnt, wobei der Kopf sich von den Bewegungen der Glieder absondert, so daß er in Ruhestellung bleiben kann. Der Kopf hat die Aufgabe, die Sinneseindrücke der Umwelt aufzunehmen und sie in die Bewegungsabläufe zu integrieren, ohne selbst in die Gliedmaßenbewegungen mit einzutauchen. Gelingt es dem Kind nicht, den Kopf aus der Gesamtbewegung zu befreien, so können die sensorischen Eindrücke nicht richtig verarbeitet werden – das Kind wird gegenüber den Sinneseindrücken, auch den über den Leib wahrgenommenen, überempfindlich; es reagiert schnell mit Schrecken und Angst, was eine zusätzliche Beeinträchtigung der Bewegungen zur Folge hat.

In diesem Zusammenhang sagt Th. Weihs: «Ebenso kommt es den therapeutischen Bemühungen zugute, wenn man bedenkt, daß die Empfindsamkeit gegenüber Sinneseindrücken, die eigentlich auf das Gesicht und den Kopf allein begrenzt sein sollte, sich bei diesen Kindern auf den ganzen Körper erstreckt. Wir werden dann verstehen, daß wir ihre Gliedmaßen mit der gleichen Zurückhaltung, mit der gleichen Vorsicht berühren sollten wie das Gesicht eines anderen Menschen.»

Das hat zur Folge, «daß ihm die Erfahrung seines Selbst, seines Körperschemas weitgehend fehlt, die der gesunde Mensch aus den Erfahrungen der Berührung, des Bewegens, des leiblichen Wohlbefindens und des Gleichgewichts entwickelt. Diese gefühlshaften Erfahrungen sind meist unbewußt oder stehen gerade an der Schwelle des Bewußtwerdens, sie sind jedoch Vorbedingung für die physische Sicherheit, für das Wohlbefinden und die leibliche Tüchtigkeit. Bei einem gelähmten Kind sind diese grundlegenden Leibes-Erfahrungen nicht entwickelt.»[48]

Für die Therapie bedeutet das vom Gesichtspunkt des dreigegliederten Menschen aus, mit dem Kind das funktionelle Ineinander-gefallen-Sein von Kopf, Rumpf und Gliedmaßen wieder zu lösen und diese drei Bereiche in ein gesundes Ineinandergreifen zu differenzieren.

Bewegung lebt in der Anspannung und Entspannung von Muskeln. Bei der Ataxie schießt die Bewegung über das Ziel hinaus, es kann nicht rechtzeitig innegehalten werden. Neben den krankengymnastischen Bemühungen sind vor allem Rhythmus und Musik die Übungsmittel, mit deren Hilfe angestrebt wird, die Bewegungen allmählich den Willensimpulsen anzugleichen.

Die heilpädagogische Behandlung

Folgender Stundenaufbau ergab sich aufgrund von Stefans Problematik: Um die leichte Überreizbarkeit des Sinnessystems zu dämpfen, wurde darauf geachtet, daß das Behandlungszimmer ein Ort der Ruhe war und möglichst jede Störung von außen ausgeschlossen wurde. Immer war die Mutter mit dabei, ab und zu auch der Bruder, die Schwester oder der Vater, damit auch sie erfuhren, was während der Stunden geschah, und die Therapie für die Geschwister kein mysteriöses Geheimnis blieb. Außerdem sollte der dort erlebte Umgang mit Stefan dann auch auf die normale Alltags-Familiensituation übertragen werden können. Zu Beginn der Stunde wurde vor allem auf Entspannung von Stefan geachtet, um die Aufnahmefähigkeit für die folgenden Übungen zu steigern. Meist wurde Stefan zu diesem Zweck auf den gut gepolsterten, ausgezogenen Küchentisch so gelagert, daß ein Stapel Kissen und Decken unter seiner Brust eine Beugung bei ihm bewirkten, wobei es vor allem auf den entspannten, gebeugten Nacken ankam, was dem Einschießen von reflexartigen Bewegungen entgegenwirkt. Der Raum war so warm gehalten, daß Stefan, nur mit einer Unterhose bekleidet, auf dem Tisch liegen konnte. Hatte man bei ihm die richtige Lagerung erreicht, so ölte ich ihn ein und begann damit, chirophonetische Rhythmen auf seinem Rücken, an den Armen und den Beinen zu streichen. Um auf das Gleichgewicht einzuwirken, behandelte ich ihn auch viel mit den im Kapitel Chirophonetik beschriebenen Sonderformen.

Manchmal hob er seinen Kopf, um mich anzuschauen, wenn ich sprach. Waren wir damit fertig, so zog ihm seine Mutter ein Hemd über, nahm Kissen und Decken weg, und nun wurde Stefan auf den Rücken gelegt. In dieser Lage machte ich mit ihm verschiedene Bewegungsspiele mit den Armen und Beinen, indem ich ihn an den Händen oder Füßen anfaßte und ihm somit von außen den nötigen Halt gab, den er brauchte, um sich im Rhythmus des Liedes oder Sprüchleins zu bewegen. Besonders belustigte es ihn, wenn wir an den Füßen arbeiteten. Die Bewegungen der Arme gelangen Stefan von Anfang an recht gut, in den Beinen jedoch hatte er kaum Bewußtsein. Zu den Bewegungsübungen gehörte, daß Stefan sich einen kleinen Ball von einer Hand in die andere geben mußte, wobei wir wieder auf große rhythmische Bewegungen achteten.

Das Ende dieser Übungsphase sah so aus, daß Stefan vom Liegen ins Sitzen gebracht wurde, indem er sich an den von der Mutter hingehaltenen Händen hochzog, was später nur mit einer Hand und schließlich auch ganz ohne Hilfe geübt wurde. Im Liegen war der Kopf am geringsten in die Bewegung mit einbezogen. Nach dieser für Stefan wichtigen Erfahrung wurde er in seinen Spezialstuhl gesetzt, um allmählich das im Liegen Erübte auf die sitzende Stellung zu übertragen. Abschließend spielte er mit großen, geführten Bewegungen auf der Kantele. Zwischen den einzelnen Übungsphasen lagen immer Pausen.

Stefan machte nach Angaben der Krankengymnastin in ihren Stunden gute Fortschritte. Die Kontrolle über den Kopf hatte er mit etwa 2,3 Jahren.

Die Mutter berichtete, daß Stefan großen Ehrgeiz darin entwickle, aufrecht zu sitzen, für Augenblicke sogar ohne sich anzulehnen. Um diesen Impuls zu unterstützen, gingen wir dazu über, Stefan während der Mahlzeiten aus seinem Spezialstuhl herauszunehmen und ihn in einen gewöhnlichen Kinderhochstuhl zu setzen.

Als Stefan 2 1/2 Jahre alt war, zeigte er Bemühungen, sich hinzustellen. Die Mutter hatte ihn vormittags in einem Laufstall bei sich in der Küche und beobachtete eines Tages, wie er sich mühsam an dem Laufstallgitter hochzog. Die Stunden wurden nun dahingehend weitergeführt, daß wir Stefan feste orthopädische Schuhe anzogen und ihn, wenn er die Sicherheit hatte, gehalten zu werden, hinstellten. Ich stand hinter Stefan, während die Mutter am anderen Ende des Raumes auf ihn wartete. Nun begannen wir, während meine Hände fest auf seine Hüften drückten, eine wiegende Bewegung, aus der heraus sich eine Gehbewegung entwickelte. Um die unwillkürlichen, schlenkernden, nach außen gerichteten Beinbewegungen abzuschwächen, legten wir nach Absprache mit der Kinderärztin und der Krankengymnastin Stefan Bleibänder um die Fußgelenke, die mit einem Klettverschluß den nötigen Halt bekamen. Diese Methode hatte bei Stefan den Erfolg, daß er nun besser einen Fuß vor den anderen setzen konnte, wobei er die zusätzlichen Gewichte bereitwillig in Kauf nahm. Sowie Stefan nicht mehr das volle Vertrauen hatte, von hinten genügend gehalten zu sein, ließ er sich sofort auf die Knie nieder und krabbelte. Es ging mir darum, Stefan Schwereerlebnisse zu vermitteln, die ihn seine Beine leichter finden lassen sollten. Daher gab ich der Mutter auch den Rat, Stefan mit aufgeblasenen Schwimmflügeln, die sie an seinen Fußgelenken zu befestigen hatte, in der Badewanne, die wadenhoch gefüllt sein mußte, Wasser treten zu lassen. Außerdem legten wir großen Wert darauf, nach dem Baden besonders die Beine sorgfältig einzuölen und zu streichen.

Monatelang übten wir das Gehen. Auf einer anderen Ebene versuchten wir, ihm Gleichgewichtserlebnisse zu vermitteln, indem wir mit Bauklötzen Türme bauten oder das freie Sitzen auf immer mehr schaukelnden Knien übten. Auch die Krankengymnastin übte in dieser Hinsicht. Schließlich kam eines Tages der Anruf der Mutter, daß Stefan die ersten Schritte alleine gemacht habe. Noch lange war sein Gang ohne die Bleibänder so ungeordnet, daß er durch die ausschlenkernden Bewegungen das Gleichgewicht leicht verlor.

Nach wie vor übten wir auch die Feinmotorik und die Sprache.

Inzwischen ist Stefan 4 1/2 Jahre alt. Der Gang ist immer noch etwas unsicher, jedoch benötigt er die Bleibänder nicht mehr. Stefan spricht ganze Sätze, wenn auch etwas kraftlos und leise. Die Entwicklung seines Aufnahmevermögens ist gut. Die heilpädagogischen Bemühungen haben weiterhin eine Stabilisierung der unteren Sinne zum Ziel, insbesondere was den Gleichgewichts- und Eigenbewegungssinn betrifft.

Nicht jede Behandlung geht so geradlinig und erfolgreich vor sich. Es gibt andere Kinder, bei denen oft Jahre erforderlich sind, bis zum Beispiel das Greifen erlernt wird oder ein Aufrichteerlebnis zustande kommt. Aber allein schon die ständige, niemals resignierende Bemühung ist für das Kind von unendlichem Wert.

In vorbildlicher Weise finde ich diese Haltung von Lotte Sahlmann ausgedrückt: «Wir können dem gelähmten Kind kein neues Instrument geben, aber wir können es bis zu einem gewissen Grade von den Ketten und Fesseln befreien, die es gefangen halten, indem wir versuchen, uns in seine Seele hineinzuleben, sein Schicksal verstehen zu lernen, und es als vollwertigen Menschen anerkennen.»[30]

Gesichtspunkte zur heilpädagogischen Behandlung von Kindern mit zerebralen Bewegungsstörungen

Wenn beim Kind eine Schädigung des Zentralnervensystems besteht, so ist eine Störung der Bewegungsentwicklung die Folge.

Die Ursachen für eine solche Schädigung sind vielfältig. Sie kann schon während der Schwangerschaft, während der Geburt (Sauerstoffmangel) oder durch Erkrankungen nach der Geburt, die das Gehirn in Mitleidenschaft ziehen (zum Beispiel Encephalitis, Stoffwechselentgleisungen mit Vergiftungsfolgen) entstehen. Dadurch können sich verschiedene Störungsformen entwickeln:

– *Spastik*: Die Muskulatur ist verkrampft und kontrahiert. Die Bewegungskoordination ist gestört. Th. Weihs: «Und so handelt es sich eigentlich – im exakten Sinn des Wortes – genau um das Gegenteil einer Lähmung, denn es besteht ja weniger ein Mangel an Muskeltätigkeit, sondern vielmehr eine Art von Gefrorensein in einer dauernden Über-Kontraktion.»[48]

– *Athetose*: Unwillkürliche, bizarr wirkende, schraubende, drehende Bewegungen.

– *Ataxie*: Störung der Bewegungskoordination, Stand und Gang sind unsicher (siehe das Kapitel über Stefan).

– *Muskelhypertonie*: Überspannung der Muskulatur, schlechte Beweglichkeit.

– *Muskelhypotonie*: Schlaffe Muskulatur, das Kind ist den Schwerekräften ausgeliefert.

– *Hyperexzitabilitätssyndrom*: Übererregbarkeit des ZNS (Zentralnervensystems) mit überschießenden Reaktionen.

– *Apathiesyndrom*: Das Kind wirkt völlig teilnahmslos, alle Reaktionen sind abgeschwächt.

In unserem Zusammenhang soll nur noch auf einige grundsätzliche heilpädagogische Haltungen und Übungen hingewiesen werden, die im Umgang mit dem bewegungsgestörten Kind hilfreich sind. Eine ins Detail gehende Ausführung über therapeutische Möglichkeiten bei der Behandlung der einzelnen Schädigungen ist in dieser Schrift nicht beabsichtigt.

– Im Vordergrund steht die Überempfindlichkeit gegenüber Sinneseindrücken. Das heißt, man muß im Umgang mit dem Kind sehr bewußt vorgehen, um nicht durch Überreizungen Reaktionen hervorzurufen, die die Störung noch verstärken.

– Die mangelhafte Entwicklung der unteren Sinne führt bei diesen Kindern schnell zu ängstlichem Verhalten. Das untere Sinnesfeld bietet keine sichere Grundlage der Wahrnehmungsverarbeitung für die oberen Sinne.

– Wichtig ist auch zu wissen, daß es sich bei zerebralen Bewegungsstörungen nicht um wirkliche Lähmungen handelt, sondern daß die Sensorik, also die Wahrnehmung der eigenen Bewegung und ihre Koordination, gestört ist. Man kann beobachten, daß Kinder mit scheinbaren Lähmungen im Schlaf völlig entspannte Glieder haben.

– Die Befreiung des Kopfes aus der Gesamtbewegung ist, wie bei Stefan gezeigt wurde, ein wichtiges Ziel therapeutischer und heilpädagogischer

Bemühungen. Th. Weihs gibt dazu den folgenden Ratschlag: «Hingegen sollte man jeden Versuch machen, ihre Überempfindlichkeit der Wahrnehmung gegenüber in den Kopf, in den sie nun einmal gehört, ‹hinaufzuziehen›. Das kann man gut damit erreichen, daß man ein Kind vor dem Spiegel seinen eigenen Bewegungen zuschauen läßt. So können sich sensorische Überempfindlichkeit und Bewegung allmählich entwirren und differenzieren.»[48]

– Rhythmische, lösende, musikalische Übungen sollen Kopf, Rumpf und Gliedmaßen in ihren eigenen Bewegungs- und Funktionsqualitäten stabilisieren. Hierbei wird auch die Chirophonetik mit Erfolg eingesetzt.

– Um die bestehenden pathologischen Bewegungsmuster nicht durch einen unsachgemäßen Umgang mit dem Kind zu verstärken, müssen die Eltern Kenntnisse für täglich wiederkehrende Bewegungsabläufe (hochziehen, anziehen, essen, tragen, Verkrampfungen lösen usw.) vermittelt bekommen. Über dieses sogenannte «handling» hat Inge Flehmig in ihrem Buch *Normale Entwicklung des Säuglings und ihre Abweichungen* wertvolle Hinweise gegeben.[49]

– Hypotonie und apathisches Verhalten verlangen nach einer konsequenten, regelmäßig durchzuführenden Impulsierung durch geführte Bewegungsübungen, Hautstimulationen, aufweckende Rhythmen, anregende Öle und Bäder (unter ärztlicher Aufsicht) und nach individuell ausgerichteten Maßnahmen, die das Interesse der Seele für den Leib und die Welt verstärken sollen.

– Als spezielle therapeutische Maßnahme ist insbesondere auf die Heileurythmie hinzuweisen. Sie führt das Kind in ein Erleben des eigenen «Körperschemas» und verhilft zu einer Bewältigung des Raumerlebens.

Sabine

Sabine war sieben Monate alt, als wir mit der heilpädagogischen Betreuung begannen. Sie ist ein mongoloides Kind (Down Syndrom). Die Übungsstunden wurden bei ihr zu Hause durchgeführt, um sie durch sonst erforderliche Autofahrten nicht zu belasten.

Erscheinungsbild

Sabines Gestalt konnte zu Behandlungsbeginn am besten als rundlich, weich und schwer wirkend beschrieben werden. Ihre Muskulatur wies eine Tendenz zur Hypotonie auf. Die mongoloiden Gesichtszüge waren deutlich erkennbar, der Mund stand immer etwas offen. Man konnte bei ihr den für viele mongoloide Kinder typisch abgeflachten Hinterkopf feststellen. Der Kopf erschien im Verhältnis zum Leib klein. Die winzigen Hände wirkten etwas plump, schwer und undifferenziert. Wenn Sabine sich abstützte, konnte sie nach vorne gebeugt schon sitzen. Ihre Gesamtbewegung wirkte verlangsamt und träge. Man erlebte bei Sabine eine große Offenheit und ein freundliches, vertrauensvolles Entgegenkommen.

Vorgeschichte

Schwangerschaft und Geburt verliefen normal. Bald nach der Geburt traten am ganzen Körper Ekzeme auf, die mit cortisonhaltigen Mitteln behandelt wurden.

Die Bewegungsentwicklung verlief von Anfang an verzögert; auffallend war Sabines Bewegungsunlust. Sie schaute lieber zu, als etwas nachzuahmen. Sabine bekam daher seit ihrem fünften Lebensmonat eine krankengymnastische Behandlung.

Das Füttern bereitete keine Schwierigkeiten, sie aß sehr gerne.

Die Eltern erhofften sich durch die heilpädagogische Behandlung besonders im motorischen und sprachlichen Bereich eine Förderung.

Menschenkundliche Gesichtspunkte

Die rundliche, zur Schwere neigende Gestalt und die ungenügend erscheinende Ausformung der Hände und Füße weisen auf eine Schwäche der Leibesausreifung schon während der Schwangerschaft hin. Wenn Karl König in seinem Buch *Der Mongolismus*[50] schreibt: «Diese Hand eines Embryos am Ende der achten Entwicklungswoche ist wie das Urbild der Hände, die wir bei Mongoloiden finden», so ist diese Feststellung, wie er später schildert, auf den ganzen Menschen zu beziehen. Die embryonale Gestalt im zweiten Schwangerschaftsmonat wird vom mongoloiden Menschen bis in das nachgeburtliche Leben hinein fortgesetzt, das heißt, nach der Ausbildung der menschlichen Urform gehen die Reifungs- und Formungsprozesse nicht weiter. Der Mongolismus ist demnach als Entwicklungsstillstand zu verstehen. Ein Aufhören der Wirksamkeit von Bildekräften verursacht das typische mongoloide Erscheinungsbild. Wichtig ist in diesem Zusammenhang die Feststellung Königs, «daß mongoloide Kinder ganz zu Unrecht mit allen anderen Schwachsinnsformen zusammengeworfen und noch dazu als ‹Idioten› bezeichnet werden. Sie sind nicht Abirrungen der Gestaltbildung, sondern Frühformen menschlicher Existenz und dadurch etwas ganz anderes».[50]

Die Entdeckung des dreifachen Vorkommens des Chromosoms 21 (Trisomie 21) als 47. Chromosom (normalerweise hat der Mensch 46 Chromosomen) im Jahre 1959 hatte auf die Therapie keinen Einfluß.

Es ist für die Entwicklung des mongoloiden Kindes von großer Bedeutung, daß ihm genügend Zeit für die Nachreifung gelassen wird. Das heißt, daß das mongoloide Kind in besonderem Maße nach Schutz, Hülle – seelisch wie physisch – und Schonung in bezug auf körperliche und geistige Anforderungen verlangt.

Die unfertig ausgebildete Gestalt erschwert die Inbesitznahme des Leibes durch die Individualität des Kindes.

Gehen, Sprechen und Denken können oft nur verzögert und bruchstückhaft entwickelt werden, wobei hier große Unterschiede bei mongoloiden Kindern festzustellen sind. König weist auf die verspätete Entwicklung dieser Eigenschaften hin mit dem Ergebnis: «So kommt es zur zweiten Dentition und zum ersten Gestaltwandel, ohne daß Sprechen und Denken soweit vorgebildet sind, daß ein systematischer Lernprozeß einsetzen könnte. Was das mongoloide Kind zu leisten vermag, liegt allein im Gebiet des Gedächtnisses und der Erinnerung. Es kann Buchstaben- und Wortgestalten wiedererkennen, und dadurch ist ein Erlernen des Schreibens und Lesens in einfachster Form möglich.»[50]

Die Art der Weltwahrnehmung und Denkweise eines mongoloiden Menschen wird in beeindruckender Weise von Nigel Hunt[51] beschrieben, der, selbst mongoloid, ein Buch veröffentlicht hat, in dem er seine Erlebnisse über Reisen, Musik und anderes mehr beschreibt. Für ein Verständnis des Entwicklungsdefizits von Sprache und Denken beim mongoloiden Menschen ist es hilfreich, auf die grob- und feinmotorische Entwicklung zu schauen. Dieses große Hemmnis, daß aus dem schweren und unfertig ausgebildeten Leib keine flüssige, leichte und differenzierte Bewegung herausgeformt werden kann, ist die Ursache für die oft so sehr erschwerte Sprachentwicklung und damit für die mangelnde Ausbildung der Denkbewegungen. Das Unvermögen, abstrakt und logisch denken zu lernen, ist demnach kein Intelligenzdefizit, sondern beruht darauf, daß die Barriere, die sich zwischen die Individualität und ihr motorisches Ausdrucksvermögen stellt, nicht gänzlich überwunden werden kann. Der Leib wird nur ansatzweise zum Instrument der Seele.

Gehen wir noch einmal zurück zum Problem der Hypotonie und der Bewegungspassivität im frühen Kindesalter. Wird hier nicht der vorgeburtliche Zustand vom Kind fortgesetzt, vor allem die im letzten Schwangerschaftsstadium bewegungsarme Zeit? Man kann den Eindruck haben, daß die Trennung von der mütterlichen Hülle durch die Geburt nicht mitvollzogen wurde. Das Bewußtsein bleibt noch lange leibbefreit, peripher und wenig interessiert am eigenen Leib. Somit entsteht die Frage, wie das Seelische für die Inbesitznahme des Leibes impulsiert werden kann. G. Ohlmeier rät zur Sensibilisierung der Haut: «Auf diesem Weg leitet die Mutter die erste Stufe der Selbstwahrnehmung ihres Kindes ein: durch ihre Hände vermittelt sie ihm die Erfahrung, daß es nunmehr von der Umwelt getrennt ist. Hierdurch tritt sie auf eine besondere Art mit ihrem Kind in Beziehung, indem sie ihm durch die Handlungen hilft, eine Basis für die Entfaltung seines Ich-Bewußtseins zu schaffen.»[52]

Vom Gesichtspunkt des therapeutischen Einflusses auf die Entwicklung der unteren Sinne ist G. Ohlmeiers Aussage zuzustimmen, handelt es sich doch in der heilpädagogischen Arbeit mit dem mongoloiden Kleinkind insbesondere um eine behutsame Hilfe bei der Entwicklung des Tastsinnes und des Eigenbewegungssinnes.

Bei der Behandlung des mongoloiden Kindes muß sorgfältig darauf geachtet werden, daß es nicht überfordert wird und vor allem keine einseitig intellektuell ausgerichteten Übungen vermittelt bekommt. Diese hätten zur Folge, daß dem ohnehin in seiner Wirksamkeit schon stark beeinträchtigten Lebens-Bildekräfteleib noch mehr an Substanz abgezogen würde, die so dringend für den Leibesaufbau und die Umgestaltung des Modelleibes benötigt wird. Die heilpädagogische Arbeit muß demnach schonenden und hüllebildenden Charakter haben. Sie verlangt nach einer genauen Beobachtung der Übungswirkungen auf das Kind.

Die heilpädagogische Behandlung

Bei meinem ersten Hausbesuch saß Sabine auf ihrer Spieldecke, indem sie sich nach vorne gebeugt mit den Händen abstützte. Sie wirkte ruhig und zufrieden mit sich und der Welt und akzeptierte es gleich, daß ich mich ihr gegenüber hinsetzte. Die Eltern saßen so, daß sie zuschauen konnten, ohne Sabine abzulenken.

Ich hatte Rasseln und Holzringe zum Klappern dabei sowie einen Beißring und einen Greifling. Mit diesen Dingen wollte ich Sabine zum Spielen motivieren und ihre motorischen Fähigkeiten kennenlernen. Sie war dazu in der Lage, nach einem solchen Spielzeug zu greifen, es in den Mund zu stecken, aber dann warf sie es wieder weg. Nachdem wir uns so eine Zeitlang beschäftigt hatten, spielte ich ihr auf der Kantele vor und sang dazu. Bald konnte ich sie auch auf meinen Schoß nehmen und mich rhythmisch mit ihr zu Kinderliedern und Versen bewegen. Da ich auch bald chirophonetisch mit ihr arbeiten wollte, bat ich die Mutter, Sabine zur Gewöhnung öfter einmal den Rücken, die Arme und Beine einzuölen, so daß es ihr bei mir später nicht mehr fremd wäre, diese Prozedur über sich ergehen zu lassen. Außerdem erhielten die Eltern die Aufgabe, zu Hause das in der Stunde mit Sabine Erübte möglichst regelmäßig fortzusetzen.

In den weiteren Stunden ging es mir hauptsächlich darum, Sabines Interesse für das zu wecken, was ich ihr vormachte, ohne in irgendeiner Weise etwas von ihr zu verlangen. Über verschiedene Materialien, zum Beispiel ein Sandsäckchen, Holzringe, kleine und größere Bälle, Stofftücher usw. versuchte ich, ihren Tast- und Eigenbewegungssinn zu aktivieren. Spielerisch konnten dabei die Körperkontrolle und feinmotorische Fähigkeiten entwickelt werden. Bei diesen Übungen mußte ich sehr darauf achten, Sabine nicht zu überfordern. Daher legten wir zwischendurch immer wieder kleine Pausen ein.

Es ist wichtig, sich ein Gespür dafür anzueignen, wie lange es zumutbar und sinnvoll ist, mit dem Kind zu üben. Dazu gehört auch, daß eine zusätzliche Therapie, wie zum Beispiel die Krankengymnastik, so in die Woche integriert wird, daß das Kind mit Freude daran teilnehmen kann und nicht durch zu kurz aufeinanderfolgende Termine belastet und therapiemüde wird.

Auf die Tast- und Bewegungsübungen folgte der mehr auf das Zuhören ausgerichtete Teil, wobei ich ihr etwas vorspielte, während sie ruhig dasaß.

Eine chirophonetische Behandlung bildete den Schluß der Stunde.

Mit etwa 10 Monaten fing Sabine an, sitzend zu rutschen. Diese Art der Fortbewegung machte ihr sichtlich Spaß, und damit waren auch für die Übungsstunden neue Möglichkeiten gegeben, ihr Interesse und ihre Neugierde zu wecken, zum Beispiel indem ich, hinter einem Sessel versteckt, sie rief oder ein Spielzeug hinter dem Sessel vorstreckte, um sie anzuregen, zu mir zu kommen.

Als Sabine ein Jahr alt war, fing sie an zu krabbeln.

Mit 16 Monaten richtete sie sich an einem Tisch zum ersten Mal auf. Nun konnten wir daran denken, das Gehenlernen zu unterstützen. Dazu stellte ich Sabine vor mich hin, kniete hinter ihr, die Hände an ihre Hüften gelegt, und sagte immer wieder: «Große Uhren machen tick, tack, tick, tack ...», dazu wurde sie von mir nach rechts und links hin- und hergewiegt, so daß eine sich vom Boden lösende und den Boden wieder berührende abwechselnde Beinbewegung entstand. Geschwindigkeitsänderungen bei dieser Bewegungsform machten ihr großen Spaß, und eine anfängliche Ängstlichkeit durch das Unsicherwerden im Gleichgewicht legte sich bald.

Mit 19 Monaten machte Sabine ihre ersten freien Schritte.

Das Gehen ist bis heute – Sabine ist inzwischen 3 1/2 Jahre alt – noch etwas unsicher, sie kann, wenn sie am Boden an etwas stößt oder eine Unebenheit kommt, nur schwer das Gleichgewicht halten. Nachdem Sabine zu gehen gelernt hatte, intensivierten wir die Sprachübungen in Verbindung mit grob- und feinmotorischen Übungen. «Mama» und «da» waren bis dahin die einzigen, deutlich zu verstehenden Laute gewesen, die Sabine sprechen konnte. Neben den Bewegungen zu Versen und Liedern versuchten wir, in einfachen Spielsituationen ihre Bewegungen weiter zu differenzieren und ihr Sprachverständnis zu erweitern. Dazu gehörte das Spiel mit Bauklötzen, Holztieren, Puppen usw. Immer wieder schauten wir uns gemeinsam auch Bilderbücher an, wobei darauf zu achten war, daß die Bilder übersichtlich, schön anzusehen und auf ein Thema bezogen waren. Jedesmal erzählte ich etwas zu dem Bilderbuch, das wochenlang immer wiederkehrte, zum Beispiel: «Schau, da ist die Kuh. Die Kuh macht muh. Wie macht die Kuh? Muuh!»

Sabine hat in ihrem Dorf die Möglichkeit, einen Kindergarten stundenweise zu besuchen. Dort geht sie gerne hin und wird auch von den meisten

Kindern akzeptiert, obwohl ihre sprachliche Ausdrucksfähigkeit noch immer sehr gering ist. Spricht man ruhig und einfach mit ihr, so kann sie alles verstehen. Wir haben bei ihrer guten Bewegungsentwicklung große Hoffnung, daß sie, wie es bei mongoloiden Kindern oft der Fall ist, mit vier oder fünf Jahren lernen wird, sich sprachlich soweit zu äußern, daß die Beziehung zum anderen Menschen auch auf diese Weise zum Ausdruck gebracht werden kann.

Gesichtspunkte zur heilpädagogischen Behandlung des mongoloiden Kleinkindes

– Es muß beim mongoloiden Kind die geschwächte Bildekräftetätigkeit während der heilpädagogischen Behandlung immer berücksichtigt werden, das heißt, das Kind darf in seiner Entwicklung nicht gepreßt werden.

– Eine auf die Denk- und Erinnerungsentwicklung direkt ausgerichtete Behandlung hätte eine Schwächung des Ätherleibes zur Folge, was für die Gesundheit und den Leibesaufbau des Kindes im ersten Jahrsiebt von Schaden wäre.

– Die erhöhte Infektionsanfälligkeit bei mongoloiden Kindern zeigt, daß auf die Abwehrkräfte besondere Rücksicht genommen werden muß. Es ist daher ratsam, das kleine Kind behutsam und erst allmählich «jedem Wind und Wetter» auszusetzen.

– Der mongoloide Säugling muß besonders vor einem Zuviel an äußeren Sinneseindrücken geschützt werden. Er kommt unausgereifter als andere Kinder zur Welt und ist daher auf eine sorgfältige physische wie seelische Hüllenbildung angewiesen.

– Häufig ist der Wärmehaushalt des mongoloiden Kindes labil. Nach Absprache mit dem Arzt können Arme und Beine bei Bedarf mit einem wärmenden Öl eingerieben werden. Außerdem ist darauf zu achten, daß das Kind lieber etwas zu warm als zu leicht angezogen ist (s. das Kapitel «Anregungen zur Gestaltung der Umwelt»).

– Bei manchen mongoloiden Kindern kann man feststellen, daß ihre «Bockigkeit» oft dann entsteht, wenn sie Kreislaufprobleme haben. Auch hier wird der Arzt gegebenenfalls zu einem nicht belastenden pflanzlich-homöopathischen Kreislaufmittel raten.

– Die Schulung der unteren Sinne – vor allem des Tast- und Eigenbewegungssinnes, später auch des Gleichgewichtssinnes – nimmt eine wesentliche Stellung ein.

– Darauf aufbauend braucht das mongoloide Kind viel Sprache und Lieder um sich, damit es allmählich für die Sprachwelt empfänglich werden kann.

– Die Differenzierung der Bewegung durch rhythmische und spielerische Angebote trägt zur Impulsierung und Entwicklung der Sprachmotorik bei. Dazu gehört die Übung der Mund- und Zungenmotorik sowie die Aktivierung des Tonus der Wangen als Vorbereitung zur Sprache. Dies geschieht durch Anregungen zum Saugen, Blasen von Seifenblasen, Wattebällchen, Schaum usw.

Mit etwas Öl an den Fingern können Wangen- und Lippenbereich auch sanft massiert, gedehnt, gedrückt, geklopft werden, um dort zu sensibilisieren. Oft ist es hilfreich, den Mundinnenraum zu massieren – die Backen und den Gaumen. Ein wenig Honig, hinter die Schneidezähne getupft, läßt das Kind den Punkt finden, an dem «L», «N», «D» und «T» artikuliert werden.

Eine Fülle von Anregungen zur Übung der Mundmotorik und Sprachanbahnung gibt Catherine Krimm von Fischer. Hilfreiche Sprachspiele und spezielle Lautübungen hat A. Baur in verschiedenen Büchern veröffentlicht.[53]

– Wo die Möglichkeit besteht, sollte bald mit einer heileurythmischen Behandlung begonnen werden, nicht nur, um die Bewegungsfähigkeit zu schulen, sondern auch, um die Nachreifung des Kindes zu unterstützen.

– Das mongoloide Kind ist den Schwerekräften stark hingegeben. Wie ein Urbild kann für die heilpädagogische Behandlung des mongoloiden Kindes gelten: Man muß es aus der Schwere in die Leichte bringen. Die Methoden für diesen therapeutischen Weg können vielfältig sein.

Kind, Eltern und Heilpädagoge

Die heilpädagogische Behandlung setzt eine intensive Zusammenarbeit von Eltern und Heilpädagogen voraus. Grundlage dafür ist die Bildung einer Vertrauensebene, wobei der Heilpädagoge nicht unerreichbarer Fachmann, sondern in erster Linie Mensch sein muß. Dann kann über Ängste, Sorgen,

Schuldgefühle und über die durch die Behinderung des Kindes neu entstandene Lebenssituation – die häufig mit dem Verlust des alten Freundeskreises verbunden ist – gesprochen und an ihrer Bewältigung gearbeitet werden.

Jedes Kind ist für den Heilpädagogen eine neue, einmalige Aufgabe und verlangt von ihm, nicht nur dem Kind etwas beizubringen, sondern auch vom Kind zu lernen. So entsteht ein Entwicklungsprozeß, der die Eltern, wenn sie dafür bereit sind, mit einbezieht. Dadurch kann die Erwartungshaltung und die ständige innere Anspannung, was das Kind eigentlich schon alles können müßte, durch eine neue Haltung dem Kind gegenüber allmählich ersetzt werden. Ist es möglich geworden, dem Kind sein Anders-Sein zuzugestehen, werden die häufig übernommenen traditionellen leistungsorientierten Gesellschaftswerte dem nun freier gewordenen Blick für die Einmaligkeit der Persönlichkeit des Kindes weichen. Gerade das behinderte Kind zeigt uns oft Eigenschaften von Vertrauen, Liebe, Offenheit, Geduld und unschuldiger Reinheit, wodurch wir uns als Erwachsene vom Kind aufgerufen fühlen können, uns etwas von seinen Qualitäten zu erarbeiten. Auch wenn ein schwerbehinderter Mensch niemals eine «nützliche Arbeit» verrichten kann, so ist häufig festzustellen, daß allein durch die Existenz dieses Menschen sehr vieles bewirkt wird. Manche Eltern berichten, daß sie seit der Geburt ihres Kindes völlig neue innere Werte entwickelt haben, die früher für sie nicht zugänglich waren. Die Wahrnehmung der Individualität des Kindes kann zur Bejahung geistiger Inhalte führen und dem Leben so eine ganz neue Qualität hinzufügen. Manche Einrichtung für Behinderte ist durch das Einzelschicksal eines schwerstbehinderten Kindes ins Leben gerufen – und damit zur Hilfe für unzählige Menschen geworden.

Die Frage nach dem Lebenssinn eines behinderten Menschen kann – unter diesen Gesichtspunkten – zu befriedigenden Antworten führen. Diese sind der Ausgangspunkt dafür, ihm eine völlig gleichwertige Stellung in der Gesellschaft einzuräumen. Das setzt aber voraus, nicht nur auf die wirtschaftliche Leistungsfähigkeit des behinderten Menschen zu achten.

«Behindertenarbeit» ist kein sozialer Akt, sondern eine selbstverständliche Tat, die im gegenseitigen Wechsel von Geben und Nehmen auf leiblicher, seelischer und geistiger Ebene lebt.

Gerade in der ersten Zeit, nachdem eine Behinderung beim Kind festgestellt worden ist, kommt dem Gespräch zwischen Eltern, Arzt und Heilpädagogen eine besondere Bedeutung zu. Hier werden Weichen gestellt, die für die Familie und die Entwicklung des Kindes von entscheidender Bedeutung sind. Können die Eltern im Laufe der Zeit das Lebensschicksal ihres Kindes, das zum Schicksal der ganzen Familie geworden ist, so annehmen, daß Ängste und Ohnmachtsgefühle allmählich in ein von Zuversicht getragenes Handeln verwandelt werden, so bildet das für das Kind die beste Voraussetzung, daß die therapeutischen Bemühungen ihre Wirksamkeit entfalten können.

Je natürlicher die heilpädagogischen Bemühungen sich in den Tagesablauf einfügen lassen, desto weniger werden sie von der Familie als Belastung – und vom Kind als Sondersituation, die es von den anderen abgrenzt – erlebt. Die Therapie sollte sowohl das Seelenwesen des Kindes stärken und damit Einfluß auf seine Leiblichkeit nehmen als auch den Umgang der Eltern mit ihrem Kind immer sicherer machen.

Aus der Fragestellung der Eltern heraus kann über menschenkundliche Zusammenhänge Verständnis für das Verhalten des Kindes, das Wesen seiner Behinderung und somit auch für den heilpädagogisch-therapeutischen Ansatz erarbeitet werden.

Eltern, die mit ihrem kleinen Kind in die heilpädagogische Praxis kommen oder bei denen ein Hausbesuch durchgeführt wird – was im Einzelfall durchaus abzuwägen ist –, sollten die Möglichkeit haben, bei den Stunden dabei zu sein. Es kommen auch Situationen vor, in denen es erforderlich ist, mit dem Kind allein zu arbeiten, zum Beispiel wenn eine so starke Fixierung vom Kind zur Mutter besteht, daß eine heilpädagogische Arbeit in ihrer Anwesenheit kaum möglich ist. In solchen Fällen sind Doppelstunden eine günstige Lösung. Die erste Stunde kann die Mutter für Einkäufe oder dergleichen nützen, in der zweiten Stunde werden dann die durchzuführenden Übungen besprochen. Die Eltern schaffen sich ein Hausaufgabenheft an, worin sie sich Sprüche, Lieder, Bewegungsübungen, Hinweise etc. notieren und ihre Beobachtungen aufschreiben, die sie im Laufe der Woche beim Üben mit ihrem Kind gemacht haben. Entsprechend den Resultaten des zu Hause Erarbeiteten kann entweder ein weiterer Schritt mit dem Kind gemacht werden, oder die alten Übungen müssen – nach einer gewissen Zeit zur Vermeidung der Routine variiert – weiter durchgeführt werden.

Sicherheit kann den Eltern dadurch vermittelt werden, daß der Heilpädagoge in Krisensituationen bereit ist, auch spontan einen Hausbesuch zu machen, um mit den Eltern zusammen eine Lösung des Konflikts zu finden. Zu solchen Krisen gehören zum Beispiel strikte Nahrungsverweigerung, massive Schlafstörungen oder festgefahrene pädagogische Situationen, welche die Eltern in die verzweifelte Rolle der auf das Verhalten ihres Kindes ständig Re-agierenden zwingen. Regelmäßig stattfindende Gespräche mit den Eltern, ohne daß das Kind dabei ist, ermöglichen es, sich über alle aktuellen Sorgen und Probleme auszutauschen, die nicht in Anwesenheit des Kindes besprochen werden dürfen. Es ist überhaupt ein bewährter Grundsatz, nicht in Gegenwart des Kindes über das Kind zu sprechen. Auch wenn das Kind noch nicht dazu in der Lage ist, Gesprochenes zu verstehen, so spürt es doch, daß es im Mittelpunkt steht und Anlaß für den besorgten Tonfall und die problembelastete Atmosphäre gibt, die während eines solchen Gesprächs zwangsläufig entsteht.

Eine Vertiefung der Zusammenarbeit mit Eltern wird dadurch erreicht, daß Studienabende angeboten werden, die ein heilpädagogisches oder ein sonst mit der Arbeit zusammenhängendes Thema zum Inhalt haben.

Werden die Sorge und das Interesse für das eigene Kind auch auf andere Kinder erweitert, können Elterngemeinschaften entstehen, die einen hilfreichen Erfahrungsaustausch ermöglichen. Außerdem führt die Zugehörigkeit zu einer Elterninitiative dazu, aus der eventuellen sozialen Isolation, die durch die Geburt des Kindes entstanden ist, wieder in eine Gemeinschaft hineinfinden zu können.

Wenn in einer Familie das behinderte Kind unter Geschwistern aufwachsen kann, so erfährt es durch die vermehrten Nachahmungsangebote und durch die Zuwendung der Geschwister eine ganz natürliche, hilfreiche Förderung.

Wie aber ist es für die Geschwister, eine behinderte Schwester oder einen behinderten Bruder zu haben? Eine Mutter erzählte, daß nach der Geburt ihres schwerbehinderten Kindes der ältere Sohn eifersüchtig wurde und mit Aggressionen gegen andere Kinder reagierte. Er war damals fünf Jahre alt. Ständig versuchte er, durch sein negatives Verhalten auf sich aufmerksam zu machen. Der Eifersucht dieses Jungen konnte begegnet werden, indem er bei den Therapiestunden seines Bruders auswärts und auch zu Hause dabeisein durfte. Die Mutter ging so weit, daß sie eine Zeitlang mit ihrem größeren Sohn die gleichen heilpädagogischen Übungen durchführte wie mit dem kleinen Bruder. Nachdem nun dem älteren Sohn das Recht eingeräumt worden war, mit in die Sonderrolle des kleinen Bruders hineinzuschlüpfen, besserte sich auch sein Verhalten. Es wurde von da an bewußt öfter mit ihm allein etwas unternommen. Das Erlebnis, auch besondere Zuwendung zu erhalten, führte schließlich dazu, daß der Junge, als er etwas älter war, gerne auf seinen Bruder aufpaßte und ihn wie selbstverständlich mit in sein Leben einbezog. Das Opfer, das Geschwister bringen müssen, wenn ein behindertes Kind da ist, wird leichter erbracht, wenn für sie erlebbar wird, daß die Eltern darum bemüht sind, auch ihren Bedürfnissen gerecht zu werden.

Kinder, die jünger als das behinderte Geschwister sind, wachsen natürlich in diese oft nicht einfache Familiensituation hinein. Es ist für diese Kinder von Vorteil, wenn ihnen viel Umgang mit gleichaltrigen Kindern ermöglicht wird, damit nicht nur das ältere behinderte Geschwister zum Nachahmungsvorbild wird.

Wird dem Kind bewußt, daß seine Schwester oder sein Bruder anders ist als andere Kinder, so entstehen Fragen, warum das so ist. Die Eltern können darauf hinweisen, was das behinderte Kind schon kann und welche besonderen Eigenschaften es auszeichnen und liebenswert machen. Erlebt das Kind diese auf die Individualität achtende Haltung seiner Eltern, so kann selbstverständliche Hilfsbereitschaft für das als vollkommen gleichwertig erlebte Geschwister entstehen.

Ein vierjähriges Mädchen beantwortete sich die Frage nach dem Anders-Sein des Geschwisters selbst, indem es die Überzeugung vertrat, daß der Bruder bestimmt ein Engel sei.

Anregungen zur Gestaltung der Umwelt

Heilpädagogisch-therapeutische Bemühungen können durch die Eindrücke, die das Kind täglich durch seine Umwelt vermittelt bekommt, wesentlich unterstützt werden, wenn die familiäre Situation mit dem Anliegen der heilpädagogischen Arbeit in Übereinstimmung steht. Es geht nicht darum, künstlich eine «heile Welt» herzustellen, die aus der natürlichen Familiensituation herausfällt, sondern um die Bildung eines Schutzraumes für das kleine Kind aus der Erkenntnis heraus, daß jeder Sinneseindruck eine Wirkung auf das Kind hat, die über das Seelische bis in die organischen Prozesse hinein sich erstreckt.

Die heilende Erziehung wird den größten Teil der Zeit von den Eltern geleistet, die das in den heilpädagogischen Übungsstunden Erfahrene praktisch mit in den Alltag einbeziehen. Erst dadurch kommen die therapeutischen Bemühungen letztendlich zum Tragen.

Ein- bis zweimal in der Woche Therapie, aus dem Alltag herausgelöst und vom sonstigen Leben des Kindes abgesondert, kann auf Dauer keine Früchte tragen.

Seelenpflegebedürftig nannte R. Steiner das behinderte Kind. Diese Pflege, die besondere Art der Zuwendung, die das kleine – und verstärkt das in seiner Entwicklung gestörte – Kind benötigt, erstreckt sich auf alle Lebensbereiche.

Das beim kleinen Kind noch fehlende oder nur lückenhafte Verständnis für die Umwelteindrücke läßt deren «Verarbeitung» nicht zu, so daß sie, je nach ihrer Qualität, entwicklungsfördernd oder -hemmend vom Kind aufgenommen werden.

Die fehlende Distanzierungsfähigkeit zur Umwelt verlangt danach, dem Kind Hüllen zu bieten, die ein behutsames In-die-Welt-hineinwachsen-Können gewähren.

Diese Hüllenbildung beginnt bei der Kleidung und Wickeltechnik. Aus Arbeits- und Zeitersparnisgründen wird heute schon Neugeborenen häufig eine Plastik-Einwegwindel und eine Strampelhose darüber angezogen. Damit wird dem Kind Strampelfreiheit ermöglicht, wobei der Begriff «Freiheit» nicht richtig ist, denn nun ist das Kind ganz seinen unwillkürlichen, reflektorischen Bewegungen ausgeliefert. Es empfiehlt sich daher, in den ersten Lebensmonaten das Kind mit Stoffwindeln zu wickeln, über die eine aus fetthaltiger Wolle gestrickte Windelhose angezogen wird. Ein großes Tuch, am besten auch aus Wolle, umhüllt schließlich die Beine. Strampelt sich das Kind frei, so kann ein Strampelsack, der den erforderlichen Halt gibt, das große Tuch ersetzen. Das Kind bekommt durch diese einfache Maßnahme ein Gefühl von Geborgenheit. Man kann beobachten, wie ein Kind, das ständig die Möglichkeit hat zu strampeln, nach recht kurzer Zeit aufgeregt und zappelig wird. Ist es eingewickelt, dann kann es leichter zur Ruhe kommen und einschlafen.[16]

Es sollte darauf geachtet werden, daß Windel- und Kleidungsstoffe aus Naturfasern bestehen. Abgesehen davon, daß die Haut unter diesen Materialien, im Gegensatz zu Kunstfasern, atmen kann, ist es für die Entwicklung des über den ganzen Leib ausgebreiteten Tastsinns eine Unterstützung, wenn nur natürliche Stoffe an die Haut gelangen. Es gibt so fein verarbeitete Wolloder Seidenhemdchen und -höschen, daß man keine Sorge haben muß, das Kind könnte durch die Wolle von einem ständigen Juckreiz geplagt werden.

Naturfasern, besonders Wolle, beugen auch Wärmeverlusten vor, die das Kind in seinem Wohlbefinden stark beeinträchtigen können. Die Wärme hilft dem seelisch-geistigen Wesen, sich leichter mit dem Leib zu verbinden. Häufig verträgt gerade das in seiner Entwicklung gestörte Kind eine zusätzliche wärmende Jacke oder einen Pullover, wenn es unserem Empfinden nach eigentlich warm genug ist. Besonders deutlich wird die Bedeutung der Wärme bei Kindern, die epileptische Anfälle bekommen. Im *Heilpädagogischen Kurs* sagt R. Steiner in diesem Zusammenhang: «Epileptische Kinder sollte man so anziehen, daß sie immer etwas neigen zum Schwitzen, so daß das Schwitzen immer ein bißchen im status nascendi vorhanden ist, daß sie ein bißchen zu warm angezogen sind. Das ist eigentlich Therapie.»[2]

Die nächste erweiterte Hülle, die das Kind umgibt, ist die Wiege oder das Bett mit einem Seidenschleier. Als Farbe für den Schleier eignet sich ein zartes Rosa besonders gut – das Licht, das durch einen solch gefärbten Schleier hindurchfällt, ist angenehm mild und warm. Das Kind, das ja erst am Anfang steht, seinen Leib zu ergreifen und noch ganz mit der Umgebung verbunden ist, erlebt den durch den Schleier entstandenen Schutz und wird davor bewahrt, auf alle visuellen Reize um es herum reagieren zu müssen. Beim Kauf eines Kindersportwagens ist darauf zu achten, daß das Kind mit dem Gesicht zu Vater oder Mutter gewendet sitzen kann. Hat es den Blick in Fahrtrichtung, so wird es einer Fülle von ständig wechselnden Eindrücken ausgesetzt, abgesehen davon, daß es mit der Mutter oder dem Vater keinen Blickkontakt halten kann. Die unverarbeiteten Eindrücke wirken schädigend in ihm weiter, was sich zum Beispiel durch Nervosität, unruhigen Schlaf und mangelnden Appetit bemerkbar machen kann.

Auch das Kinderzimmer kann unter dem Gesichtspunkt der erweiterten Hüllenbildung eingerichtet werden. Wenn möglich, sollte es nicht ein Nordzimmer sein, sondern so liegen, daß Licht und Sonnenwärme hineinwirken können. Eine helle, zarte Wandfarbe, auf welcher der Blick angenehm ruhen kann, ist einem bunten, stereotyp sich wiederholenden Tapetenmuster vorzuziehen. Es kommt weniger darauf an, die Wände mit vielen verschiedenen Bildern zu schmücken – vielmehr kommt man dem Kind dadurch entgegen, wenn sein Blick auf einem Bild ruhen kann, das eine seelisch-geistige Qualität in sich trägt und das Kind in seinem innersten Wesen anspricht. So ist die Sixtinische Madonna von Raffael besonders geeignet, auf die Individualität des Kindes einen Geborgenheit vermittelnden, heilsamen Eindruck zu machen. Der Kunsthistoriker Ernst Uehli sagt über dieses Bild: «Die Sixtinische Madonna Raffaels mit Worten zu beschreiben, ist ein Unterfangen, das wohl begonnen, aber kaum oder nie zu Ende geführt werden kann, denn der betrachtende Blick wird in ein Unermeßliches hinausgeführt, das sich den Worten weitgehend entzieht ... In ihrer Wirkung liegt ihr Geheimnis.» Und er faßt seine Betrachtung abschließend zusammen: «Die Sixtinische Madonna, diese höchste Schöpfung Raffaels, darf nur vor der Gemeinschaft derer stehen, denen sich über alle Konfessionen hinweg in dieser Mutter und dem Kinde ein Allgemein-Menschliches und ein Ewig-Gültiges offenbaren kann und die an diesem Bilde das, was am Menschenwesen überirdischer Natur ist, zu erblicken vermögen.»[54]

Zur Gestaltung des Zimmers sei noch darauf hingewiesen, daß der Teppichboden aus einem natürlichen Material beschaffen sein sollte, so daß auch hier der Tastsinn des Kindes in angenehmer Weise Anregungen bekommt. Zusätzlich eignen sich auf dem Boden ausgelegte Schaffelle, die schön anzufassen sind und außerdem den nötigen Wärmeschutz garantieren, wenn das Kind auf dem Boden spielt oder seine ersten Krabbelversuche macht.

Ein Holzlaufstall, zum Beispiel in der Küche, kann der Mutter zeitweise eine Hilfe sein, ihrer Tätigkeit nachgehen zu können in dem Bewußtsein, daß das Kind vor Verletzungsgefahren geschützt ist.

Zur Seelenpflege des Kindes gehört es auch, das Singen und Musizieren mit in die Lebensgewohnheiten aufzunehmen. In der Musik liegen starke therapeutische Kräfte, und schon das einfache Singen oder Spielen auf einem Instrument kann viel zur seelischen Entwicklung des Kindes beitragen.

Es kann hier nur angedeutet werden, daß sich für das Kind ungefähr bis zum neunten Lebensjahr die pentatonische Musik besonders eignet, da sie musikalisch den Seelenraum repräsentiert, in dem das Kind diese erste Lebenszeit zubringt.

Für die heilpädagogische Arbeit hat sich seit vielen Jahren die Leier besonders bewährt. Dieses Saiteninstrument hat einen sanften, vollen und schönen Klang. Durch ihre beruhigende Wirkung ist die Leier eine große Hilfe, dem Kind das Einschlafen zu erleichtern. Da sie in verschiedener Weise auf das Seelenleben des Kindes Einfluß nimmt, wird die Leier auch als wichtiges therapeutisches Instrument eingesetzt.

Die jedem Musikinstrument eigene Qualität verlangt nach einer Beurteilung, ob und wann es in Gegenwart des Kindes gespielt wird. So ist es zum Beispiel nachvollziehbar, daß die Flöte, im Gegensatz zur Leier, mit ihrem hellen, weit dringenden Ton ein Instrument ist, das im Grunde einen wachmachenden Charakter in sich trägt.

Für das Kind ist es eine große Freude, wenn es ein Musikstück, gesungen oder gespielt, wiedererkennt. Daher sind oftmalige Wiederholungen ständig wechselnden musikalischen Eindrücken vorzuziehen.

Radiomusik, Fernsehmusiksendungen, Schallplatten und Musikkassetten sollten vom Kind ferngehalten werden. Es kann zwischen dem Kind und dem Apparat niemals eine seelische Korrespondenz entstehen und keine Rücksicht darauf genommen werden, ob das Kind die wahrgenommenen Inhalte nachvollziehen kann. Man kann Kinder beobachten, die eine durch Plattenspieler oder Kassette aufgenommene Melodie exakt wiedergeben, aber nur im Sinne einer Echolalie. So hat ein kleiner Junge auch das

Geräusch nachgemacht, das entsteht, wenn der Tonabnehmer auf der Platte aufsetzte, darauf folgte die Melodie und schließlich das Geräusch, wenn der Tonabnehmer wieder in seine Ausgangsstellung zurückschwang.

Für das Kind sind die Medien eine schädigende, passiv machende Reizüberflutung, die zu der primären Störung der Behinderung noch sekundäre Störungen wie Schlaflosigkeit, Unruhezustände, Konzentrationsschwierigkeiten bis hin zu einem gleichgültigen, abgestumpften Verhalten – schließlich allen akustischen Reizen gegenüber – hinzufügt.

Es gibt eine Reihe von Heften, die Anregungen für die Musik im Kleinkindalter geben und auch musikalischen Anfängern durchaus nützlich sein können.[55]

Spielzeug

Immer wieder taucht die Frage auf, welches Spielzeug für das seelenpflegebedürftige Kind geeignet ist. Im folgenden sollen einige Aspekte angesprochen werden, die bei der Wahl des Spielzeugs mit einbezogen werden können.

Grundsätzlich ist zu sagen, daß das Spielzeug für das seelenpflegebedürftige Kind altersgemäß sein sollte, es ist also durchaus sinnvoll, bei der Anschaffung von Spielzeug in den ersten Lebensjahren das in seiner Entwicklung gestörte Kind dem gesunden Kind gleichzustellen, so wie der Lehrplan an Schulen für seelenpflegebedürftige Kinder auf dem Lehrplan der Waldorfschulen beruht. Der Unterrichtsstoff wird hierbei unter heilpädagogischen Gesichtspunkten bearbeitet und ist therapeutisch ausgerichtet.

Eltern können über das Spiel für die Entwicklung ihres Kindes viel erreichen. Das seelenpflegebedürftige Kind braucht auch beim Spiel besondere Zuwendung, was soweit gehen kann, daß die Bewegungen beim Spiel teilweise geführt werden müssen. Anregungen zur Nachahmung werden durch das Vorspielen gegeben, wobei rhythmische Wiederholungen und über längere Zeit dasselbe Spiel den Willen zur Nachahmung verstärken können. Es ist darauf zu achten, daß das Kind nicht zu viele Spielsachen bekommt. Als Regel gilt auch hier, daß Qualität über Quantität geht.

In den folgenden Ausführungen wird also nicht unterschieden zwischen Spielzeug für das gesund entwickelte und das seelenpflegebedürftige Kind. Die hier aufgeführten Spielsachen können auch unter therapeutischen Gesichtspunkten, vor allem im Hinblick auf die Entwicklung der unteren Sinne und der schöpferischen Phantasie, verstanden werden.

Die Frage nach der Bedeutung des Spiels für die Entwicklung des Kindes wird in unserer zunehmend bewegungsarmen, von der Technik bestimmten, schnellebigen Zeit immer wichtiger.

Die Entwicklung auf dem Spielzeugmarkt nimmt teilweise erschreckende Züge an, denn es geht nicht mehr um die Befriedigung der realen Bedürfnisse des Kindes, sondern allein um die Steigerung des Umsatzes. Dabei wird mit ausgeklügelten psychologischen Methoden gearbeitet – Wünsche werden durch groß angelegte Werbekampagnen künstlich geweckt, und wer als Kind nicht Gefahr laufen will, Außenseiter zu werden, muß den entsprechenden Artikel konsumieren. Als Beispiel kann eine Serie von Horrorfiguren angeführt werden, die, ausgerüstet mit teurem Zubehör, den Kindern Abenteuer und Macht suggerieren. Wer so etwas Fürchterliches vorweisen kann, muß ein «ganzer Kerl» sein, und der Ehrgeiz wird geweckt, möglichst die große Sammlung komplett zu besitzen. Moralische und ethische Werte werden durch solches Zeug, dem das Wort «Spiel» nicht mehr vorangesetzt werden sollte, in ihr Gegenteil verkehrt. Es wird die zweifelhafte Freude geweckt, mit diesen Gruselmonstern umzugehen.

Auf einem Flohmarkt fragte ich einen etwa neunjährigen Jungen, warum er denn sein ganzes Horrorkabinett verkaufe. Er antwortete, daß er von der Schrecklichkeit dieser Figuren anfangs fasziniert gewesen sei, dann aber bald habe feststellen müssen, daß er mit ihnen kaum etwas anfangen könne.

Ein anderes Beispiel bieten Kunststoffkästen, die für Kleinkinder auf den Markt gebracht werden, mit dem Tenor, pädagogisch wertvoll zu sein. An diesen Kästen ist ein Sammelsurium verschiedener mechanischer Einrichtungen installiert, mit denen geklappert, gerasselt, geklingelt, gedreht werden kann, ohne daß die verschiedenen Funktionen in irgendeinem nachvollziehbaren Zusammenhang miteinander stehen. Es ist erstaunlich, welcher Lärm bei der Betätigung des Gerätes entsteht – und das sofort nachahmende, selbstverständlich laute Mittun des Kindes wird als Freude am «Experimentieren» ausgelegt. Im Grunde handelt es sich um eine akustische Beleidigung, und die motorischen Fertigkeiten, die das Kind bei der Handhabung eines solchen Kastens trainieren soll, halten sich in äußerst bescheidenen Grenzen.

In Massen hergestelltes Spielzeug läßt teilweise erkennen, wie der Erwachsene aus dem Kind einen *kleinen Erwachsenen* machen möchte; oder anders: Die Bedürfnisse mancher Erwachsenen werden einfach auf das Kind übertragen und von diesem in seiner Hilflosigkeit übernommen.

Im ersten Beispiel wird die Gegenkultur der Horrorvideos in verkleinerter Form ins Kinderzimmer gebracht; im zweiten Beispiel wird die sich explosiv vermehrende Spielhallenfreudigkeit an Flipperautomaten und Bildschirmspielen mit Dreh- und Druckknöpfen «babygerecht» verkleidet und als pädagogisch scheinbar sinnvolles Spielzeug, genauer gesagt Lärmzeug, auf den Markt gebracht.

Die Fähigkeit, Spielzeug und seine Wirkung auf das Kind zu beurteilen, wird für Eltern immer notwendiger, wenn sie ihr Kind vor solchen negativ wirkenden Modeerscheinungen bewahren wollen. Wird die Wirkung dieser Dinge erkannt, so können dem Kind seinem Wesen gemäße, alternative Spielangebote vermittelt werden.

Für das Kind ist das Spiel nicht nur mit Lust, sondern auch mit Ernst verbunden. Das Spiel ist die Ebene, auf der es Kreativität, Phantasiefähigkeit, Willensentfaltung und grundlegende Erfahrungen im Kennenlernen der Welt unter geeigneten Voraussetzungen entwickeln kann. Durch den spielerischen Umgang mit Sand oder Erde, Wasser und Luft (Ballons, Seifenblasen, Drachen) tritt das Kind in ein Verhältnis zu den Elementen, das es allmählich in eine feste Verbindung zur Erde kommen läßt.

Früher war die Entwicklung der oben genannten Fähigkeiten einfacher. Das Kind konnte durch die Nachahmung seiner Umwelt und durch das bescheidene, oft nur primitive Spielzeugangebot die Welt viel natürlicher kennen- und leichter verstehenlernen. Heute ist das Kind durch die hochtechnisierte Umwelt einer Unzahl von Sinneseindrücken ausgesetzt, die es nicht verstehen kann und im Vorschulalter auch gar nicht verstehen soll, da es sonst eine viel zu starke intellektuelle Gedankentätigkeit leisten müßte. Aus diesem Grund muß heute dem Kind viel bewußter als noch vor wenigen Generationen ein Schutzraum gebildet werden, der es so in die Welt hineinwachsen läßt, daß es in seelischer Sicherheit und Souveränität mit den Dingen umgehen kann und nicht die Dinge *sein* Tun bestimmen.

In den ersten zwei Lebensjahren will das Kind die Welt ganz über die Sinne kennenlernen. Alles will es anfassen, betasten, in den Mund stecken, wegwerfen – wodurch eine erste Erfahrung der Wirkung der Schwerekräfte entsteht. Sinnesqualitäten wie hart, weich, kalt, warm, rauh, glatt usw. werden in ihren Unterschieden erfahren und auch durch allerlei Haushaltsgeräte in Gegenwart der Mutter gerne erprobt. Die Freude am Erkunden der Dinge geht einher mit immer neuen Bewegungserfahrungen im Greifen, Halten, Werfen, Ziehen, Krabbeln, Sitzen, Stehen und schließlich Gehen. Das Erfassen der Welt und des eigenen Seins über die verschiedenen Sinneseindrücke weist wieder auf die Bedeutung der unteren Sinne hin. Für das Kind ist es wichtig, von Materialien umgeben zu sein, die ein differenziertes Erleben des Tastsinnes zulassen und auch durch Form und Farbe über das Auge die Seele ansprechen. Da Plastikspielzeug nur uniform wahrgenommen werden kann – die Puppe fühlt sich genauso an wie das Auto und dieses wieder wie das Eimerchen, die Schaufel, das Tier usw. –, empfiehlt es sich, dem Kind natürliche Materialien zum Spielen anzubieten. Dazu gehören im ersten Lebensjahr zum Beispiel ein kleiner, mit Nähten versehener, bunter Lederball, Holzgreifling, Rassel, Klapper, Beißring und die im Kapitel über das erste Jahrsiebt schon besprochene einfachste Puppe, deren Urform die phantasievolle Ausgestaltung noch zuläßt. Da das Kind die Umwelt durch Nachahmung bis in die Organgestaltung verinnerlicht, ist davon abzuraten, ihm schon vor dem Gehenlernen Tiere zum Spielen zu überlassen. Eine in diesem Zusammenhang interessante Begebenheit schildert F. Husemann[56] nach einem Erlebnisbericht von Alfred Nitschke:

«In einem zweiten Beispiel von Nitschke wird über ein zehn Monate altes Mädchen berichtet, das schon bald nach der Geburt erbrach und seitdem Schwierigkeiten in der Ernährung hat. Deshalb wurde das Kind auch von der überängstlichen Mutter still und fast ohne Anregung gehalten. – (A. Nitschke): Das Kind war ohne krankhaften körperlichen Befund, aber sehr elend, mager, die Muskulatur dünn und schlaff. Es konnte nichts essen. Meist nahm es eine eigenartige Haltung ein: Der Körper ruhte wie ein zusammengeklapptes Taschenmesser zwischen den ausgestreckten dünnen Beinchen. Dazu lagen die schlaffen Arme oft nach vorne ausgestreckt auf der Decke. Das aufliegende Gesicht war wenig angehoben, der Ausdruck verstimmt und lustlos abweisend. Auffallend war dabei der ruhige große Blick und noch mehr ein ausdrucksreicher Mund, an dem das Kind oft mit den Fingern spielte. – Während der drei folgenden Monate in der Klinik blieb trotz intensiver Bemühungen alles unverändert. Wir suchten im Gespräch mit den Eltern nach einem weiteren Störungsgrund, den wir vermuteten, konnten aber nichts erfahren.

An dem Tag, an dem das Kind in der Vorlesung als eines von denen gezeigt werden sollte, bei denen es uns nicht gelang, einen wahrscheinlich in der Lebenssituation liegenden Schaden zu klären und zu überwinden, durfte es, um nicht gar zu unglücklich zu sein, etwas mitnehmen, das ihm vertraut war. Das war ein großer Hase, den das Kind als liebsten Spielgefährten von zu Hause mitgebracht und dauernd bei sich im Bett gehabt hatte. Beim Anblick dieses Tieres kam plötzlich der Einfall: Das ist der Störenfried! Wir erinnerten uns jetzt, daß wir bei der Aufnahme im Scherz gesagt hatten: Das Kind sieht aus wie ein Hase. Es war ein großes Tier, eine der grotesken Formen, wie man sie heute den Kindern zum Spielen gibt, mit sehr langen, dünnen, schlaff hängenden Armen und Beinen, einem Kopf mit auffallend gerichteten großen Augen und einem sehr ausgeprägten Mund, dessen Lippen das

Kind immer wieder mit den Fingern berührte. Diesen schlaffen, traurigverstimmt aussehenden Hasen hatte das Kind oft sich selbst zugewendet auf die Bettdecke gelegt, und zwar genau in seiner eigenen Haltung: den Oberkörper zwischen den schlaffen Hinterläufen, die Vorderläufe ausgestreckt, das Gesicht mit dem sonderbaren Augen- und Mundausdruck dem Kind zugewandt. Das war zu Hause fast der einzige Partner des sonst von der Welt isolierten Kindes; das war das Bild von Haltung, Bewegung und Stimmung, mit dem das Kind umgegangen war, an dem das Kind sich geformt hatte.

Ich würde diese Deutung nicht in solch entschiedener Weise zu geben wagen, wenn sich die Folgerungen für die Behandlung nicht als so wirkungsvoll bewiesen hätten: Wir ersetzten den Hasen durch ein fast ebenso großes, aufrecht stehendes und klar geformtes, freundliches Lämmchen. Das Kind schloß sich rasch an das neue Tier an. Obwohl wir sonst nichts in der Behandlung änderten, begann das Kind schon nach wenigen Tagen mit Vergnügen zu essen, wurde bald kindlich fröhlich, stellte sich auf und vergaß die alte Haltung ohne unser Zutun. – Der Wandel reichte bis in die Tiefe der kleinen Person. Es war für uns nach der langen vergeblichen Bemühung schön, fast erschütternd – für die Mutter unfaßlich. Diese glückliche Entwicklung wurde seitdem zu Hause nicht mehr unterbrochen.»

Mit dem Gehenlernen wächst das Kind immer mehr in die Sprache hinein, daher werden rhythmische Sprach- und Fingerspiele im zweiten Lebensjahr vom Kind gerne aufgenommen.

An Spielmaterial gewinnen nun Bauklötze an Bedeutung, die möglichst viele Form- und Größenvarianten aufweisen und nicht zu stereotypem, rechtwinkligem Gestalten zwingen. An den Bauklötzen kann das Kind erste Erfahrungen mit der Statik machen und Gleichgewichtsübungen anstellen.

Die an einer Schnur festgebundene Wackel-Holzente oder ein Wägelchen werden gerne vom Kind gezogen, das Schaukelpferd – wenn nötig mit geschlossenem Sitz ausgestattet – gewinnt an Bedeutung.

Im dritten Lebensjahr wird mit Kastanien beim «Kaufmann» eingekauft, Tannenzapfen werden zu Brot, Kieselsteine zu Mehl, Zucker usw. Die Welt der Erwachsenen wird im Spiel nachgeahmt, und es bedeutet viel für das Kind, wenn es mit einer kleinen Schaufel oder Harke neben Vater und Mutter im Garten mitarbeiten darf. Die Freude an der Bewegung wird im Klettern, Tanzen, Springen und Hüpfen erlebt. Die Erwachsenen sollten dem Willen zur Bewegungsentfaltung so viel wie möglich entgegenkommen.

Das Spielzeugumfeld vergrößert sich. Die Holzeisenbahn, der Kaufladen, Holztiere, die in einen Stall oder auf «die Weide» geführt werden können –

wobei für den Stall ein Wurzelholz und für die Weide ein grünes Tuch ausreichend sind –, bunte Stofftücher zum Verstecken oder Verkleiden, Kugelbahn, Kleidung für die Puppe, Wattezwerge, Steinchen usw. bezieht das Kind nun in sein Spiel mit ein.

Zum phantasievollen Spiel eignen sich auch Eicheln, große Obstkerne, Muscheln, Schneckenhäuser und vieles ähnliche mehr, was mit dem Kind gesammelt und zu Hause in kleinen Körbchen aufbewahrt werden kann. Es ist natürlich darauf zu achten, daß die Dinge zu groß zum Verschlucken sind und nicht zerbissen werden können. Man kann erleben, daß Kinder zum Spielen angeregt werden, wenn auch auf die Aufbewahrung der Spielsachen besonders geachtet wird. So wie gesagt wird: «Das Auge ißt mit», so können die Freude am Spielzeug und seine Wertschätzung dadurch gesteigert werden, daß die Spielsachen in einem Regal, schön angeordnet, ihren Platz haben. Für das Kind kann so zur Regel werden, daß der Hund, die Puppe, der Ball gerne wieder nach dem Spiel an ihren Platz zurückgestellt werden, dorthin, wo sie «wohnen».

Die Wahl des beschriebenen Spielzeugs macht deutlich, daß es nicht darum geht, dem Kind ein zweckgebundenes Spiel zu vermitteln, um zum Beispiel Lerninhalte spielerisch zu erfassen. Das gerade nicht an Zwecke gebundene, freie, schöpferische Spiel wird zur Grundlage für eine spätere freie Entwicklung der Persönlichkeit. Selbstverständlich lernt das Kind im Spiel auf einer freilassenden, nicht intellektuell ausgerichteten Ebene die Welt kennen, wobei das Gemüt und der Wille zum Beispiel im Spiel «Die Puppe hat Geburtstag» gleichermaßen angesprochen sind und somit die Gefahr einseitiger Beanspruchung nicht gegeben ist.

Technisches Spielzeug, das unveränderbar fertig ist und nur durch sachgemäße Bedienung funktioniert, ist aus obigen Gesichtspunkten abzulehnen.

Eine Mutter erzählte, daß der kleine Sohn das ferngesteuerte Auto, bald nachdem er es geschenkt bekommen hatte, kaputt gemacht habe. Diese Tat ist nicht schwer nachzuvollziehen. Im Grunde ist es furchtbar langweilig, ein solches Auto, das mit zwei Knöpfen gesteuert wird, immer wieder mit demselben summenden Geräusch entweder vorwärts oder rückwärts fahren zu lassen. Der Junge aber wollte etwas mit dem Auto tun, er wollte sich selbst auch mit einbringen und nicht immer nur einen roten und einen grünen Knopf drücken. Was blieb ihm anderes übrig, als das Innenleben dieses Autos kennenzulernen, vielleicht konnte man mit dem richtig spielen. Bei dieser Aktion gingen natürlich manche Käbelchen kaputt, und schon war das

Auto unbrauchbar geworden. Eigentlich hat der Junge kreativ, nicht zerstörerisch gehandelt, nur war die Antwort des Spielzeugs darauf nicht die erwünschte.

Daher darf etwas verkürzt gesagt werden, daß es nicht auf das perfekte, schöne, multifunktionelle, das Denken beanspruchende Spielzeug ankommt, sondern auf die unvollkommenen, gestaltungsfähigen, verwandelbaren, die Sinne in natürlicher Weise ansprechenden Spielsachen.[57]

R. Steiner äußert sich dazu folgendermaßen: «Könnten die Menschen wie der Geisteswissenschaftler hineinschauen in das sich in seine Formen aufbauende Gehirn, sie würden sicher ihren Kindern nur solche Spielzeuge geben, welche geeignet sind, die Bildungstätigkeit des Gehirns lebendig anzuregen. Alle Spielzeuge, welche nur aus toten, mathematischen Formen bestehen, wirken verödend und ertötend auf die Bildungskräfte des Kindes, dagegen wirkt in der richtigen Art alles, was die Vorstellung des Lebendigen erregt. Unsere materialistische Zeit bringt nur wenig gute Spielzeuge hervor. Was für ein gesundes Spielzeug ist zum Beispiel das, welches durch zwei verschiebbare Hölzer zwei Schmiede zeigt, die einander zugekehrt einen Gegenstand behämmern. Man kann dergleichen noch auf dem Lande einkaufen. Sehr gut sind auch jene Bilderbücher, deren Figuren durch Fäden von unten gezogen werden können, so daß sich das Kind selbst das tote Bild in die Abbildungen von Handlungen umsetzen kann. Das alles schafft innere Regsamkeit der Organe, und aus dieser Regsamkeit baut sich die richtige Form der Organe auf.»[10]

Nachwort

Um dem Kind, insbesondere dem seelenpflegebedürftigen Kind, eine möglichst wenig von außen gestörte Entwicklung zu ermöglichen, ist es notwendig, daß bewußt «Raum» geschaffen wird, von dem aus das Kind allmählich in die Welt hineinwachsen kann.

Das Eingebundensein in die Vielfalt der technischen Medien mit ihrer negativen Wirkung auf das Kind verlangt manchmal Opfer und Verzicht von der Familie, ohne welche eine solche Raumbildung nicht möglich ist.

Die Bemühungen um eine Sinnespflege und Seelenhygiene schaffen eine gesunde Entwicklungsgrundlage, die es ermöglicht, daß das Kind später mit innerer Kraft den Anforderungen des Lebens begegnen kann und nicht durch eine zu frühe äußerliche Gewöhnung an die Vielzahl der Sinneseindrücke an kritischer Distanz zu diesen einbüßt – und damit an inneren Werten verliert.

Dazu gehört auch, daß dem Kind nicht zuviel an therapeutischen Angeboten zugemutet wird. Bei Kindern, die von einem Therapeuten zum anderen gebracht werden, kann Therapiemüdigkeit festgestellt werden. Im Extremfall weigern sie sich, noch irgend etwas an sich herankommen zu lassen. Dazu sollten es Eltern und Therapeuten keinesfalls kommen lassen.

Ich möchte mich nun, am Schluß dieser Ausführungen über die heilpädagogische Förderung im frühen Kindesalter, bei den Kindern und Eltern bedanken, die es mir ermöglicht haben, die gemeinsam gesammelten Erfahrungen in diesem Buch weiterzugeben.

Anmerkungen

1 Otto Fränkl-Lundborg: *Was ist Anthroposophie?* Philosophisch-Anthroposophischer Verlag, Dornach 1974.
2 Rudolf Steiner: *Heilpädagogischer Kurs.* Rudolf Steiner Gesamtausgabe (= GA), Bibliographie-Nr. 317, Rudolf Steiner Verlag, Dornach.
3 Karl König: *Heilpädagogische Diagnostik.* Natura Verlag, Arlesheim 1977.
4 Rudolf Steiner: *Reinkarnation und Karma, vom Standpunkte der modernen Naturwissenschaft notwendige Vorstellungen.* In: *Luzifer-Gnosis,* GA 34.
5 Rudolf Steiner: *Theosophie. Einführung in übersinnliche Welterkenntnis und Menschenbestimmung.* GA 9.
6 Helmut Klimm: *Heilpädagogik auf anthroposophischer Grundlage.* Philosophisch-Anthroposophischer Verlag, Dornach 1980.
7 Georg von Arnim: *Was bedeutet Seelenpflege?* Verein für ein erweitertes Heilwesen, Bad Liebenzell 1982.
8 Festschrift *Heilende Erziehung aus dem Menschenbild der Anthroposophie.* Verlag Freies Geistesleben, Stuttgart 1974.
9 Von den zahlreichen Darstellungen sei hier nur verwiesen auf *Theosophie* (siehe Anm. 5) und *Vor dem Tore der Theosophie.* Vortrag vom 22.8.1906, GA 95. Aus letzterem das folgende Zitat.
10 Rudolf Steiner: *Die Erziehung des Kindes vom Gesichtspunkte der Geisteswissenschaft.* In: *Luzifer-Gnosis,* GA 34.
11 Rudolf Steiner: *Antworten der Geisteswissenschaft auf die großen Fragen des Daseins.* Vortrag vom 12.1.1911, GA 60.
12 Rudolf Steiner: *Die Theosophie des Rosenkreuzers.* Vortrag vom 25.5.1907, GA 99.
13 Max Hoffmeister: *Die übersinnliche Vorbereitung der Inkarnation.* Verlag Die Pforte, Basel 1979.
14 Rudolf Steiner: *Die Kunst des Erziehens aus dem Erfassen der Menschenwesenheit.* Vortrag vom 12.8.1924, GA 311.
15 Rudolf Steiner: *Die Methodik des Lehrens und die Lebensbedingungen des Erziehens.* Vortrag vom 9.4.1924, GA 308.
16 Michaela Glöckler und Wolfgang Goebel: *Kindersprechstunde.* Verlag Urachhaus, Stuttgart 1984.
17 Dr. W. Goebel und Dr. W. Krahne: *Zu den Impfungen.* Die Broschüre ist zu beziehen über: Wiltrud Deggim, Rostesiepen 39, 5804 Herdecke.

18 Rudolf Steiner: *Die gesunde Entwicklung des Menschenwesens.* GA 303.
19 Rudolf Steiner: *Die geistig-seelischen Grundkräfte der Erziehung.* GA 305.
20 Rudolf Steiner: *Gegenwärtiges Geistesleben und Erziehung.* GA 307.
21 Rudolf Steiner: *Die pädagogische Praxis vom Gesichtspunkte geisteswissenschaftlicher Menschenerkenntnis.* GA 306.
22 Karl König: *Die ersten drei Jahre des Kindes.* Verlag Freies Geistesleben, Stuttgart 1975.
23 Rudolf Steiner: *Allgemeine Menschenkunde als Grundlage der Pädagogik.* GA 293.
24 R. Meyer: *Das Kind.* Verlag Urachhaus, Stuttgart 1974.
25 Dr. Inghwio aus der Schmitten: Referat in: *Entwicklungsbegleitende Frühförderung – eine interdisziplinäre Herausforderung.* Bericht vom 4. Symposion Frühförderung, München. Hrsg.: Vereinigung für interdisziplinäre Frühförderung e.V., München 1988.
26 Benita Quadflieg: *Gesichtspunkte zur Frühförderung.* Erschienen in: *Seelenpflege in Heilpädagogik und Sozialtherapie.* 4. Jahrgang, Heft 4, Dornach 1985.
27 Bernard C. J. Lievegoed: *Heilpädagogische Betrachtungen.* Bestelladresse: Tesselschadelaan 7, Zeist (Niederlande).
28 Rudolf Steiner: *Von Seelenrätseln.* GA 21.
29 Hans Müller-Wiedemann, in: *Beiträge zur heilpädagogischen Methodik.* Verlag Freies Geistesleben, Stuttgart 1974.
30 Karl König: *Grundlegende Fragen der heilpädagogischen Diagnostik und Therapie.* In: *Aspekte der Heilpädagogik.* Hrsg. von Carlo Pietzner. Verlag Freies Geistesleben, Stuttgart 1969.
31 Walter Holtzapfel: *Seelenpflege-bedürftige Kinder.* Band 1. Philosophisch-Anthroposophischer Verlag, Dornach 1976.
32 Helmut von Kügelgen: *Von der Einwurzelung des Willens in die Organe des Leibes.* In: Studienmaterial der Internationalen Vereinigung der Waldorfkindergärten, Stuttgart, Band 10.
33 Karl König: *Sinnesentwicklung und Leiberfahrung.* Verlag Freies Geistesleben, Stuttgart 1971.
34 Rudolf Steiner: *Anthroposophie – Psychosophie – Pneumatosophie.* Vortrag vom 23.10.1909, GA 115; auch in: *Zur Sinneslehre –* Themen aus dem Gesamtwerk 3, Verlag Freies Geistesleben, Stuttgart 1980.
35 Rudolf Steiner: *Das Rätsel des Menschen,* Vortrag vom 12.8.1916, GA 170; auch in: s. Anm. 34.
36 Rudolf Steiner: *Geisteswissenschaft als Erkenntnis der Grundimpulse sozialer Gestaltung.* Vortrag vom 8.8.1920, GA 199; auch in: s. Anm. 34.
37 Rudolf Steiner: *Grenzen der Naturerkenntnis.* GA 322.
38 Rudolf Steiner: *Vom Leben des Menschen und der Erde. Über das Wesen des Christentums.* GA 349.
39 Nähere Ausführungen zu diesem Thema im Vortrag von Rudolf Steiner vom 8.1.1909: *Ernährungsfragen im Lichte der Geisteswissenschaft.* In: *Ernährung und*

Bewußtsein – Themen aus dem Gesamtwerk 7. Verlag Freies Geistesleben, Stuttgart 1981.
40 Rudolf Hauschka: *Ernährungslehre*. Vittorio Klostermann Verlag, Frankfurt 1979.
41 Rudolf Steiner: *Ernährung und okkulte Entwicklung*. In: siehe Anm. 39.
42 Henning Köhler: *Die stille Sehnsucht nach Heimkehr. – Zum menschenkundlichen Verständnis der Pubertätsmagersucht*. Verlag Freies Geistesleben, Stuttgart 1987.
43 Alfred Baur: *Informationsschrift Chirophonetik – Eine Therapie zur Anbahnung der Sprache*. Zu beziehen bei: Dr. A. Baur, Rohrach 13, A-4202 Kirchschlag.
44 Alfred Baur: *Lautlehre und Logoswirken. Grundlagen der Chirophonetik*. J. Ch. Mellinger Verlag, Stuttgart 1990.
45 Christhilde Blume in: *Beiträge zu einer Erweiterung der Heilkunst*, 35. Jahrgang, Heft 2, März/April 1982.
46 Hans Müller-Wiedemann in: *Der frühkindliche Autismus als Entwicklungsstörung*. Verlag Freies Geistesleben, Stuttgart 1981.
47 Susanne Müller-Wiedemann in: *Der Kulturimpuls der anthroposophischen Heilpädagogik*. Verlag Das Seelenpflege-bedürftige Kind, Bingenheim 1979.
48 Thomas J. Weihs: *Das entwicklungsgestörte Kind*. Verlag Freies Geistesleben, Stuttgart 1974.
48a Lotte Sahlmann in: *Aspekte der Heilpädagogik*. Siehe Anm. 30.
49 Inge Flehmig: *Normale Entwicklung des Säuglings und ihre Abweichungen*. Georg Thieme Verlag, Stuttgart 1987.
50 Karl König: *Der Mongolismus*. Hippokrates Verlag, Stuttgart 1980.
51 Nigel Hunt: *Die Welt des Nigel Hunt*. Tagebuch eines mongoloiden Jungen. Ernst Reinhardt Verlag, München/Basel 1979.
52 Gertrud Ohlmeier: *Frühförderung behinderter Kinder*. Verlag Modernes Leben, Dortmund 1983.
53 a) Alfred Baur: *Bli Bla Blu*. Mellinger Verlag, Stuttgart 1984.
b) Catherine Krimm von Fischer: *Rhythmik und Sprachanbahnung*. Edition Schindele, Heidelberg 1986.
c) Wena Dreher: *Studien und Übungen zur Sprachtherapie*. Verlag Freies Geistesleben, Stuttgart 1983.
d) Heinz Ritter: *Eins und Alles*. Verlag Freies Geistesleben, Stuttgart 1974.
e) Raimund Pousset: *Fingerspiele und andere Kinkerlitzchen*. Rowohlt, Reinbek 1983.
54 Ernst Uehli: *Leonardo – Michelangelo – Raffael*. Philosophisch-Anthroposophischer Verlag, Dornach 1967.
55 Zum Beispiel Johanna Ruß: *Schwinge Schwengel Schwinge*. Verlag Zevenster Hoofdstraat 181, Driebergen, Holland 1981.
56 F. Husemann, O. Wolff: *Das Bild des Menschen als Grundlage der Heilkunst*, Band II. Verlag Freies Geistesleben, Stuttgart 1974.
57 Zu einer gründlicheren Auseinandersetzung mit diesem Thema können folgen-

de Bücher beispielhaft weitere Anregungen geben:

a) Herbert Hahn: *Vom Ernst des Spielens.* J. Ch. Mellinger Verlag, Stuttgart 1974.

b) Karin Neuschütz: *Lieber spielen als fernsehen.* Verlag Freies Geistesleben, Stuttgart 1986.

c) Elisabeth M. Grunelius: *Erziehung im frühen Kindesalter – Der Waldorfkindergarten.* Novalis Verlag, Schaffhausen 1984.

d) Christa Beichler: *Das erste Jahrsiebt im Leben des Kindes.* Novalis Verlag, Schaffhausen 1985.

Sozialhygienische Schriftenreihe

Herausgegeben vom Verein für ein erweitertes Heilwesen, Bad Liebenzell

1 Walther Bühler
Der Leib als Instrument der Seele
in Gesundheit und Krankheit.
11. Auflage, 87 Seiten, kartoniert

3 Werner Chr. Simonis
Korn und Brot
3. Auflage, 159 Seiten,
mit zahlreichen Abb., kart.

4 Werner Chr. Simonis
Genuß aus dem Gift?
Herkunft und Wirkung von Kaffee, Tee, Kakao, Tabak, Alkohol und Haschisch.
4. Auflage, 135 Seiten,
mit zahlreichen Abb., kart.

5 Werner Chr. Simonis
Wolle und Seide
Der Mensch als Wärmewesen. Bekleidungshygienische Betrachtungen.
5. Aufl., 79 Seiten mit 8 Abb., kart.

6 **Soziale Hygiene**
Seelisch-geistige Selbsthilfe im Zeitalter der Lebenskränkung.
3. Auflage, 241 Seiten, kart.

7 Udo Renzenbrink
Ernährung unserer Kinder
Gesundes Wachstum – Konzentration – Soziales Verhalten – Willensbildung.
8. Auflage, 247 Seiten, kart.

8 **Mit Kindern leben**
Zur Praxis der körperlichen und seelischen Gesundheitspflege.
3. Auflage, 277 Seiten, kart.

9 Udo Renzenbrink
Ernährung in der zweiten Lebenshälfte
3. Auflage, 204 Seiten, kart.

10 **Krankenpflege zu Hause**
auf der Grundlage der anthroposophisch orientierten Medizin.
3. Auflage, 167 Seiten mit 42 Abbildungen, kart.

11 Georg Kühlewind
Vom Normalen zum Gesunden
Wege zur Befreiung des erkrankten Bewußtseins.
4. Auflage, 248 Seiten, kart.

Verlag Freies Geistesleben

Sozialhygienische Schriftenreihe

Herausgegeben vom Verein für ein erweitertes Heilwesen, Bad Liebenzell

12 Olaf Koob
Erkennen und Heilen
Anthroposophische Gesichtspunkte zur seelischen Hygiene.
2. Auflage, 168 Seiten, kart.

13 Simeon Pressel
Bewegung ist Heilung
Der Bewegungsorganismus und seine Behandlung.
2. Auflage, 132 Seiten, kart.

14 Petra Kühne
Lebensmittel-Qualität und bewußte Ernährung
Ein Ratgeber für die Vollwertküche.
234 Seiten, kart.

15 Vreni de Jong-Müggler
Anders essen
Ratschläge für die Umstellung der Ernährung im Krankheitsfall.
95 Seiten, kart.

16 Otto Wolff
Die naturgemäße Hausapotheke
Praktischer Ratgeber für Gesundheit und Krankheit.
3. aktualisierte und wesentlich erweiterte Auflage,
149 Seiten, kart.

17 **Der krebskranke Mensch**
in der anthroposophischen Medizin.
Eine Hilfe zum Verständnis und zum Umgang mit der Krankheit.
Herausgegeben von Markus Treichler.
188 Seiten, kart.

19 Regine Dreher
Wer bezahlt die «Gesundheitsreform»?
Kostensteigerung im Gesundheitswesen. Ein Vergleich schulmedizinischer und alternativer Heilweisen.
107 Seiten, kart.

20 Otto Wolff
Anthroposophisch orientierte Medizin und ihre Heilmittel
4. Auflage, 51 Seiten, kart.

Verlag Freies Geistesleben

Heilpädagogik
aus anthroposophischer Menschenkunde
Schriftenreihe der Medizinischen Sektion am Goetheanum

Zum Heilpädagogischen Kurs Rudolf Steiners
Mit Aufsätzen von Rudolf Grosse, Hellmut Klimm, Hermann Poppelbaum, Georg von Arnim, Walter Holtzapfel und Georg Unger.
2. Auflage, 115 Seiten, kartoniert

Beiträge zur heilpädagogischen Methodik
Mit Aufsätzen von Hans Müller-Wiedemann, Kurt Vierl, Georg und Veronika Goelzer und Carlo Pietzner.
2. Auflage, 120 Seiten, kartoniert

Karl König / Georg von Arnim / Ursula Herberg
Sprachverständnis und Sprachbehandlung
2. Auflage, 119 Seiten, kartoniert

Karl König
Sinnesentwicklung und Leiberfahrung
Heilpädagogische Gesichtspunkte zur Sinneslehre Rudolf Steiners
3. Auflage, 124 Seiten, kartoniert

Der frühkindliche Autismus als Entwicklungsstörung
Erscheinungsformen und Hintergründe.
Von Walter Holtzapfel, Hellmut Klimm, Karl König, Jakob Lutz, Hans Müller-Wiedemann und Thomas J. Weihs
190 Seiten, kartoniert

Eve-Lis Damm
Malen mit Seelenpflege-bedürftigen Kindern
80 Seiten mit 80 farbigen Abbildungen, gebunden

Karl König
Über die menschliche Seele
120 Seiten, kartoniert

Verlag Freies Geistesleben

Plädoyer für das Leben mongoloider Kinder
Down-Syndrom und pränatale Diagnostik
Herausgegeben von Johannes Denger.
Mit Beiträgen von Wolfgang Schad, Angelika Gäch, Fredi Saal,
Ulrich Beck, Hans Müller-Wiedemann, Walter Holtzapfel,
Lukas Hablützel und Michaela Glöckler.
137 Seiten, kartoniert.

Was dieses Buch so lesenswert macht, ist das entschiedene Engagement der Autoren für einen umfassenden Blick auf das Leben des mongoloiden Kindes. Sie zeigen, daß es nicht genügt, eine Chromosomenanomalie festzustellen und im Hinblick auf eine mögliche Unzumutbarkeit des daraus entstehenden Lebens, dieses für lebensunwert zu erklären. Durch eine eingehende Betrachtung der menschlichen Biographie ergibt sich vielmehr, daß der Wert eines Lebens nicht in seiner «Normalität» zu suchen ist, sondern vielmehr in dem, was ein Mensch durch die Möglichkeit der Auseinandersetzung mit seinem Schicksal aus diesem Leben an Entwicklungschancen ziehen kann.

RÜDIGER GRIMM
Die therapeutische Gemeinschaft in der Heilpädagogik
Das Zusammenwirken von Eltern und Heilpädagogen
Praxis Anthroposophie 3
136 Seiten, kartoniert

Aus dem Inhalt:
Teil 1 – Eltern behinderter Kinder und die therapeutische Gemeinschaft: Elterliche Erziehung / Zur Situation von Eltern behinderter Kinder / Der Entschluß zu einer Heimaufnahme / Wann werden Orte zum Lernen auch Orte zum Leben / Lebensgemeinschaft und Arbeitsbereiche
Teil 2 – Die Aufgaben der therapeutischen Gemeinschaft: Die therapeutische Gemeinschaft als Umwelt für die Eltern behinderter Kinder / Umweltbeziehungen von Familien mit einem behinderten Kind / Elternarbeit / Die Weiterentwicklung der Eltern-Kind-Beziehung in der therapeutischen Gemeinschaft / Kindsein und Elternsein heute

Verlag Freies Geistesleben

EDITION BINGENHEIM

Wolfgang Feuerstack
Von der Leuchtkraft des Leidens
Biographische Skizzen
84 Seiten, kartoniert

Wolfgang Feuerstack stellt biographische Bilder «behinderter» Menschen in einer Weise vor, daß ihr «Schicksalsthema» aufleuchten kann. Biographien bedeutender Persönlichkeiten werden hinzugestellt. Sie nehmen auf die Behindertenbiographie Bezug und ergänzen das Schicksalsthema.

M.J. Krück von Poturzyn
Aufbruch der Kinder 1924
61 Seiten, kartoniert

Die Autorin schildert das therapeutische Ringen um ein hydrozephales Kind zur Zeit der Begründung der anthroposophischen Heilpädagogik; das Geschehen wird von Rudolf Steiner besonders begleitet.

Lesebücher

Kristallkugel
100 Seiten, Leinen

Die goldene Spur
127 Seiten, Leinen

Mit diesen Lesebüchern soll ein Kind, das sich, manchmal mit sehr viel Mühe und oft sehr spät, die Fähigkeit zu lesen erworben hat, entwicklungsfördernd unterstützt werden.

Verlag Freies Geistesleben